Ernst Steinmann

Künstler-Monografien von H. Knackfuß

Band 27: Pinturicchio

Ernst Steinmann

Künstler-Monografien von H. Knackfuß
Band 27: Pinturicchio

ISBN/EAN: 9783743361294

Hergestellt in Europa, USA, Kanada, Australien, Japan

Cover: Foto ©Thomas Meinert / pixelio.de

Manufactured and distributed by brebook publishing software (www.brebook.com)

Ernst Steinmann

Künstler-Monografien von H. Knackfuß

Künstler-Monographien

In Verbindung mit Andern herausgegeben

von

H. Knackfuß

XXXVII

Pinturicchio

Bielefeld und Leipzig

Verlag von Velhagen & Klasing

1898

Pinturicchio

Von

Ernst Steinmann

Mit 115 Abbildungen von Gemälden

Bielefeld und Leipzig
Verlag von Velhagen & Klasing
1898

Von diesem Werke ist für Liebhaber und Freunde besonders luxuriös ausgestatteter Bücher außer der vorliegenden Ausgabe

eine numerierte Ausgabe

veranstaltet, von der nur 50 Exemplare auf Extra-Kunstdruckpapier hergestellt sind. Jedes Exemplar ist in der Presse sorgfältig numeriert (von 1—50) und in einen reichen Ganzlederband gebunden. Der Preis eines solchen Exemplars beträgt 20 M. Ein Nachdruck dieser Ausgabe, auf welche jede Buchhandlung Bestellungen annimmt, wird nicht veranstaltet.

Die Verlagshandlung.

Druck von Fischer & Wittig in Leipzig.

Pinturicchio. Selbstportrait. Spello. Santa Maria Maggiore.
(Nach einer Originalphotographie von Gebr. Alinari in Florenz.)

Bernardino Pinturicchio.

Der lebenslustige Bramante, Julius' II. viel gepriesener und viel geschmähter Architekt, der, durch die Gunst des Papstes aus beschränkten Verhältnissen emporgehoben, über Nacht ein reicher Mann geworden war, hat einmal in seinem Hause in Rom ein glänzendes Künstlermahl veranstaltet. Die Zeiten waren längst vorüber als noch Brunellesco und Donatello auf dem Mercato vecchio von Florenz ihre Eier und Früchte zum Frühstück selber einzukaufen gingen, aber die vornehme Lebensweise des Bauherrn von St. Peter, welcher dem zürnenden Apostelfürsten freimütig an der Himmelsthür bekannte, ihm habe dort unten auf der Erde nichts anderes mehr am Herzen gelegen als gut und fröhlich zu leben, erregte doch noch Aufsehen im Beginn des Cinquecento. So konnte sich der Maler Caporali, mit Perugino und Signorelli an jenem Abend ein Gast Bramantes, nicht enthalten, eine kurze Erwähnung des Festes in seinen Vitruvkommentar einzuflechten.

Noch einen anderen Künstler begrüßen wir unter den Geladenen, einen Landsmann des berühmten Urbinaten wie Perugino, aber obwohl als Künstler hoch geschätzt, doch als Mensch, wenn wir Vasari glauben wollen, seines wenig liebenswürdigen Charakters wegen mehr gemieden als gesucht. Bernardino di Betti, genannt il Pinturicchio, „ein seltsamer und wunderlicher Kauz, wie er war", besaß überdies nicht den

seinen Verstand und die weise Mäßigung seines Meisters und Freundes Perugino, und die Zeitgenossen warfen ihm vor, daß es seiner Unterhaltung an Kraft und Würze fehle. War er doch auch in seinem Äußeren von der Natur nur stiefmütterlich bedacht worden. Weil er ein wenig taub war, erzählt Maturanzio, und klein von Gestalt und unansehnlich in seiner Erscheinung überhaupt, nannte man ihn auch Sordicchio; aber als Maler, fügt der Chronist von Perugia nicht ohne einen Anflug von Lokalstolz hinzu, gebührte ihm der zweite Rang in der Welt, wie Pietro der erste, ja es gab Stimmen, welche Pinturicchios Meisterschaft über Perugino selbst erhoben.

Die Selbstporträts, welche Bernardino, der sich selber gern Pinturicchio nannte, um sich von einem anderen Bernardino von Perugia zu unterscheiden, nach der Sitte der Zeit in jüngeren und späteren Jahren in seinen Fresken- und Tafelbildern angebracht hat, bestätigen im allgemeinen die Aussagen der Zeitgenossen. Schon in einem Bildnisse im Appartamento Borgia (Abb. 1) überrascht der ernste Ausdruck in den übrigens sehr ansprechenden Zügen des auffallend jugendlich dargestellten Meisters. Etwa acht Jahre später entstand das bekannte Porträt in Spello (Titelbild), der kleinen Landstadt Umbriens, welche als köstlichstes Juwel in ihren mittelalterlichen Mauern die reizende Kapelle der Baglioni in Santa Maria

Maggiore umschließt. Hier haben sich allerhand Furchen und Runzeln um Augen und
Mund des ausdrucksvollen Künstlerkopfes
gezogen, und aus dem scharf zur Seite gerichteten Blick der kleinen Augen spricht ein
unruhiger Geist. Weit weniger vorteilhaft
präsentiert sich der Meister endlich in dem
farbenprächtigen Fresko der Libreria in
Siena (Abb. 2), wo er wie die Tradition
uns noch einmal wieder in Neapel begegnet,
wo Pinturicchio in der Himmelfahrt Mariä
in einem der Apostel ganz im Hintergrunde
sich selbst verewigt hat. Mag man immerhin Vasari vorwerfen, das Leben und die
Künstlerthaten des Peruginer Meisters ungenügend, ja entstellend geschildert zu haben,
die Charakteristik eines Sonderlings und
Phantasten scheint durch die Porträts des

Abb. 1. Detail aus der Disputation der heiligen Caterina mit dem Selbstporträt des Pinturicchio (rechts).
Rom. Appartamento Borgia.
(Nach einer Originalphotographie von Anderson in Rom.)

überliefert hat, mit Raffael, beide eine
brennende Kerze in der Hand an der Heiligsprechung Caterinas von Siena teilnimmt.
Er ist in der That klein und unansehnlich
von Gestalt gewesen und selbst die zierliche
Kleidung, die bunten eng anliegenden Beinkleider, das violette Wams, der hellgraue
Mantel können die schmächtige Erscheinung
nur wenig heben. Ein krankhafter Ausdruck
verschleiert die Züge; es ist derselbe etwas
mürrische Kopf mit den feinen schmalen Lippen
und den melancholisch blickenden Augen, der
Künstlers selbst Bestätigung zu finden. Aber
verdient er darum etwa das geringschätzige
Urteil, welches Vasari über ihn fällt? Steht
nicht Michelangelo selbst zu Pinturicchios
Verteidigung auf, welcher einmal in er-
lauchter Gesellschaft geäußert haben soll,
daß der, welcher mehr um die unwissende
Menge sich kümmert als um seinen Ruhm,
welcher in seiner Persönlichkeit nichts Besonderes, ja Bizarres aufzuweisen hat, oder
wenigstens etwas, das man so nennt, niemals ein überlegener Künstler sein kann?

Allerdings sind die Nachrichten, welche über das Leben und die Persönlichkeit Pinturicchios Kunde geben, so gering und widersprechend, daß es unmöglich ist, sich von dem Charakter des Mannes ein klares Bild zu machen. Je greisbarer er uns als Künstler entgegentritt, desto dunkler bleibt uns sein Wesen in allen Dingen, die ihn

auftritt, ohne daß wir auch nur ein einziges Werk besäßen, das sich mit Sicherheit vor das Jahr 1481 ansetzen ließe? Ist es nicht ferner auffallend, daß die drei seiner sechs Kinder, deren Geburtsjahre wir kennen, erst in den Jahren 1506, 1509 und 1510 in Siena zur Welt gekommen sind, als ihr Vater, wenn wirklich 1454 geboren, schon

Abb. 2. Detail aus der Heiligsprechung der Caterina von Siena mit dem Selbstporträt Pinturicchios.
(Kerzen tragender älterer Mann in der Mitte mit lang herabfallenden Haaren.) Siena. Libreria.

uns menschlich näher bringen könnten. Unterliegt doch selbst sein Geburtsjahr, das uns aus einer Angabe Vasaris bekannt ist, nach welcher der Meister neunundfünfzigjährig im Jahre 1513 starb, begründetem Zweifel. Muß es bei der Frühreise aller Künstler der italienischen Renaissance nicht befremden, daß Pinturicchio, wenn er im Jahre 1454 geboren wurde erst 27 Jahre später als Gehilfe Peruginos zuerst in der Sixtina

mehr als 50 Jahre zählen mußte? Was Vasari über Tod und Todesursache Pinturicchios zu berichten weiß, ist erwiesenermaßen falsch: werden wir da mit gutem Recht nicht auch die Angaben bezweifeln dürfen, die er über das Lebensalter des Künstlers zu machen weiß, und sein Geburtsjahr, wenigstens vermutungsweise einige Jahre später ansetzen dürfen? Dann würde uns nicht mehr das Selbstporträt im

Appartamento Borgia, das in der Bildung der geraden etwas aufwärts gerichteten Nase, des kleinen Mundes, der klugen braunen Augen so schlagende Ähnlichkeit mit dem Bilde in Spello zeigt, durch allzu große Jugendlichkeit befremden, und das Schulverhältnis zu dem sonst nur acht Jahre älteren Perugino, von dem doch auch der Chronist Sigismondo Tizio redet, würde wieder größere Wahrscheinlichkeit gewinnen.

Allerdings wird die Verbindung mit Pietro Perugino erst in die zweite Hälfte der Jugendentwickelung Pinturicchios fallen, und es ist wahrscheinlich, daß Vasari recht hat, wenn er das Verhältnis der beiden Künstler zu einander in der Weise charakterisiert, daß Pinturicchio als Gehilfe Peruginos ein Drittel des ganzen Gewinnes zu beanspruchen hatte. Aber konnte die Verbindung mit Peruginos markanter künstlerischer Persönlichkeit an einer sich noch bildenden jüngeren Kraft ohne Spur vorübergehen? Konnte Pinturicchio, selbst wenn er seine ersten Lehrjahre schon hinter sich hatte, auf die Dauer den Lockungen des ge-

fälligen Stiles seines Meisters widerstehen? In der That hat sich der Jünger wenigstens in der Sistina so völlig der Ausdrucksweise des Meisters assimiliert, daß es hier gelegentlich ebenso schwer fällt, die beiden voneinander zu unterscheiden, wie in ihren Handzeichnungen, in denen Pinturicchio vielleicht am offensten seinen engen Zusammenhang mit Perugino bekennt.

Aber noch älter und daher in seinen Folgen nachhaltiger ist ein Schulverhältnis Bernardinos zu Fiorenzo di Lorenzo gewesen. Dieser höchst empfindungsvolle und zartsinnige Künstler gehört zu den charaktervollsten Erscheinungen der altumbrischen Schule und verdient es nicht, daß Vasari ihn in seinen Lebensbeschreibungen vollständig übergangen hat. Während er sich in seinen oft noch sehr befangenen Andachtsbildern in Perugia als durchaus selbständige Kraft offenbart, zeigt er in den sechs mit miniaturartiger Feinheit ausgeführten Wunderthaten des heiligen Bernardin, wie geschickt er es verstand, die mannigfaltigen Eindrücke zu verarbeiten, welche er auf

Abb. 3. Anbetung des Kindes. Perugia. Pinakothek. Fiorenzo di Lorenzo.
(Nach einer Originalphotographie von Gebr. Alinari in Florenz.)

Abb. 4. Ein Wunder des heiligen Bernardin. Perugia. Pinakothek. Fiorenzo di Lorenzo
Nach einer Originalphotographie von Gebr. Alinari in Florenz.

seinen Künstlerfahrten nach Florenz ja vielleicht bis nach Venedig hin in sich aufgenommen hatte. Das Madonnenideal Pinturicchios hat sich zweifellos aus Fiorenzos
innerlich gesammelten, ihre strahlende Anmut geflissentlich im gesenkten Blick des

Auges verbergenden Mariengestalten entwickelt; aber auch das Christkind, welches
sich alle Mühe gibt, liebenswürdig zu er-

Wenn man Fiorenzos berühmtes und
ohne Zweifel originellstes Tafelbild, die Anbetung des Kindes in Perugia (Abb. 3),

Abb. 5. Kreuzigung Christi. Rom. Villa Borghese. Fiorenzo di Lorenzo.
(Nach einer Originalphotographie von Anderson in Rom.)

scheinen, die graubärtigen Alten und die
sinnigen Engel mit den faltenreichen Gewändern, grüßen wie alte Bekannte, die sich
verjüngert und veredelt haben, aus den
Fresken und Tafelbildern Pinturicchios hervor.

mit Pinturicchios Fresko in der Herony-
muskapelle in Santa Maria del Popolo ver-
gleicht, das denselben Gegenstand behandelt,
so begreift man mit einem Blick, was der
jüngere Meister dem älteren zu verdanken hat.

Abb. 6. Die Beschneidung der Söhne des Moses. Rom. Sixtinische Kapelle. Pinturicchio. (Nach einer Originalphotographie von Anderson in Rom.)

Abb. 7. Detail aus der Beschneidung mit dem Kopf des Moses von Pinturicchio.
Nach einer Originalphotographie von Anderson in Rom.

Die anbetende Maria mit dem feinen Oval des Gesichtes, das auf schlankem Halse ruht, die vollen Haare rückwärts über die Stirn gestrichen, das hilflose Knäblein, welches verlangend die kleinen Arme der Mutter entgegenstreckt, der graubärtige Joseph mit dem traditionellen Kahlkopf und endlich die Gruppe der gläubigen Verehrer verraten hier und dort die engste Verwandtschaft. Nur scheinen die Typen Pinturicchios durch Nachdenken veredelt; die Durchführung in Farben verrät geringere Sorgfalt im einzelnen, ist aber ruhiger in der Stimmung und gedämpfter im Ton. Natürliche Bedürfnisse überwinden gelegentlich sogar die Andacht der Teilnehmer, wenn der alte Joseph in Santa Maria del Popolo sanft entschlummert ist, während er doch bei Fiorenzo kniend wie Maria mit einer Gebärde, welche Anbetung und Erstaunen zugleich zum Ausdruck bringt, an der dankbaren Freude der Mutter teilnimmt. Entblößten Hauptes kniet hier der fromme Stifter in gemessener

Entfernung mit seinen jungen Söhnen und einem prächtigen Hunde, aber in Pinturicchios Fresko verehrt der heilige Hieronymus, von Hirten gefolgt, das auffallend bewegliche Kind, welches behaglich auf ein Bündel gelber Kornähren gebettet ist. Vor allem aber hat der kühle, silbergraue Ton, welcher über der öden Felsenlandschaft Fiorenzos wie die Stimmung eines klaren Wintermorgens ruht, bei seinem Schüler einem heiteren Frühlingsbilde Platz gemacht. In den engen Marmorrahmen hat Pinturicchio ein Landschaftsbild zusammengedrängt, das durch die Mannigfaltigkeit reizvoll komponierter Motive, durch die Kunst der Perspektive und die zarte Farbenstimmung fast alle seine früheren und späteren Bilder übertrifft. Und doch hat Bernardino Betti auch als Landschaftsmaler von Fiorenzo di Lorenzo gelernt. Die schlanken isolierten Bäume mit den dicht belaubten Kronen, die wasserreichen Thäler des weit sich verlängernden Hintergrundes mit den blauen Bergen am

fernen Horizont, die zu phantastischen Gruppen
hoch übereinander aufgetürmten Felsmassen,
welche den Landschaften des älteren umbrischen Meisters den eigentümlichen Charakter
verleihen, alles das hat Pinturicchio in seine
Fresken mit hinübergenommen, aber mit
einem für landschaftliche Schönheiten besonders empfänglichen Sinn an der Natur
selber auf Wahrheit und Treue geprüft.
Die übrigens ungleichwertigen Wunderthaten
des heiligen Bernardin (Abb. 4) geben vollständigen Aufschluß über Fiorenzos Verhältnis zur Natur, der sich nicht schämte,
in späteren Jahren noch sein eigenes phan-
tastisches Landschaftsideal an dem geläuterten
Schönheitssinn und dem kräftigen Naturalis-
mus seines Schülers abzuklären. Daher kam
es, daß eine seiner reizendsten Schöpfungen,
das Bildchen in der Borghesegalerie (Abb. 5),
welches den Gekreuzigten darstellt zwischen
den Heiligen Hieronymus und Christoforus
bis vor kurzem für ein Jugendwerk des
Pinturicchio gegolten hat.

II.

Der Heimat entrückt, den Kunstidealen
der umbrischen Schule schon halb entfremdet,
begegnet uns Pinturicchio als greifbar künstlerische Persönlichkeit zuerst in Rom. Bis zum
Jahre 1481 erfahren wir nichts über seine
Thätigkeit; kein Fresko, kein Tafelbild hat
sich erhalten, das mit Sicherheit in der
Jugendperiode des Meisters einen Platz beanspruchen könnte. Mit den ersten Künstlern
seiner Zeit dem Ruf des Roverepapstes
folgeleistend, betrat er als Gehilfe Peruginos
den großen historischen Boden, die seltsam
gebildete römische Erde, aus der noch nie
ein wirklich genialer Künstler entsprossen war,
wo aber die fremden Pflanzen vortrefflich
gediehen und sich oft zu ungeahnter Pracht
entwickelten. Pinturicchio verdankt der römischen Luft mehr als irgend ein anderer
Künstler seiner Zeit. Er brauchte große
Flächen, seine oft recht kleinen Gedanken zu
verbergen, er konnte nur in weiträumigen
Palästen, in hoch gewölbten Kirchen und Ka-

Abb. 8. Detail aus der Beschneidung mit dem Kopf des Moses von Perugino.
(Nach einer Originalphotographie von Anderson in Rom.)

Abb. 9. Mittelgruppe aus der Taufe Christi. (Perugino und Pinturicchio.) Rom. Sixtinische Kapelle.
(Nach einer Originalphotographie von Anderson in Rom.)

pellen seine vorwiegend dekorative Begabung
entwickeln; in Rom am glänzenden Hof der
Päpste, denen er so lange Jahre gedient hat,
mußte seine form- und farbenfrohe Phantasie
die reichste Nahrung finden.

Erwägt man, daß den umbrischen Meistern die ganze Altarwand der Palastkapelle
Sixtus' IV. und auch noch die ersten beiden

Fresken der Langwände rechts und links
zur Ausführung übertragen wurden, bedenkt
man, daß im Kontrakt, den der Papst am
27. Oktober 1481 unter Vermittelung des
Giovanni de' Dolci mit Botticelli, Ghirlandajo, Rosselli und Perugino schloß, von schon
fertigen Historien die Rede ist, so möchte man
annehmen, den Umbriern sei ursprünglich

Abb. 10. Die Taufe Christi. Foligno. Perugino.
(Nach einer Originalphotographie von Gebr. Alinari in Florenz.)

allein die Ausmalung der Sixtina übertragen worden. Sie begannen ihr Werk naturgemäßerweise an der Altarwand, und erst als Sixtus sah, daß er auf die Vollendung des monumentalen Bilderkreises lange werde warten müssen, entschloß er sich zu jenem Aufruf an die besten Florentiner Meister, verteilte die Arbeit aufs neue und übertrug auch hier noch dem Perugino eine der wichtigsten Fresken der ganzen Reihe, die Schlüsselübergabe an Petrus. Mögen die Dinge so, mögen sie anders verlaufen sein, jedenfalls ist Perugino und seinem Gehilfen Pinturicchio der Löwenanteil am malerischen Schmuck

Abb. 11. Detail aus der Taufe Christi. (Perugino und Pinturicchio.) Rom. Sixtinische Kapelle. (Nach einer Originalphotographie von Anderson in Rom.)

welche als Typus des Alten Testaments der Taufe Christi gegenübergestellt wurde, gibt sich sogar in der etwas unübersichtlichen Komposition als einheitliche Leistung Pinturicchios zu erkennen. Im Mittelgrunde der reizvollen Landschaft wird das Zwiegespräch zwischen Moses und Jethro geschildert. Moses ging hin und sprach zu seinem Schwäher: „Lieber, laß mich gehen, daß ich wieder zu meinen Brüdern komme"; und Jethro sprach zu ihm: „Gehe hin mit Frieden." Die beiden Männer, Moses, kenntlich am grünen Mantel, aus dem der linke überreich vergoldete Arm hervorschaut, schütteln sich zum Abschied die Hände, rechts warten dienende Frauen mit den Söhnen des Moses, während Zippora ihre alte Mutter umarmt.

Links in den Vordergrund des Freskobildes führt uns die nächste Scene. „Und als er unterwegs in der Herberge war, kam ihm der Herr entgegen und wollte ihn töten." Das bloße Schwert in der Rechten, mit der Linken den nur wenig aus der Fassung gebrachten Moses am Kragen packend, erscheint im Mittelpunkt der Darstellung der Engel des Herrn, eine prächtige Gestalt mit flatternden Locken, heftig bewegtem, weißem Gewande mit großen goldschimmernden Flügeln. Ebenso wie Signorelli im letzten Fresko derselben Wand den Engel des Herrn dem Hirten Israels das gelobte Land zeigen läßt, ebenso überträgt auch Pinturicchio, von der Schrift abweichend, einem Diener das Richteramt des Herrn, weil ihm die Kraft versagte, die Gestalt Jehovahs in so bewegter Hand-

der Sixtinischen Kapelle zugefallen, und nur der Umstand, daß die ganze Altarwand mit den Fresken der Himmelfahrt Mariä, der Findung des Moses und der Geburt Christi dem Jüngsten Gericht Michelangelos zum Opfer fiel, läßt uns heute leicht vergessen, daß sich bei ihrer ersten wetteifernden Berührung in Rom die umbrische Schule siegreich neben der florentinischen behauptet hat.

Schon Vasari bezeugt, daß Pinturicchio mit Perugino zusammen in Rom im Dienste Papst Sixtus' IV. gestanden hat. Dürfen wir nun voraussetzen, daß der Meister selbst seine Kraft auf die untergegangenen Fresken der Altarwand verwandt haben wird, so kann es uns nicht wunder nehmen, wenn er seinem Genossen die Darstellungen rechts und links vom Altar, in den Hauptsachen wenigstens, übertrug. Vor allem die Beschneidung der Söhne des Moses (Abb. 6), lung würdig unter die Menschen einzuführen. Moses hat dem heftigen Angriff gegenüber leise abwehrend die Linke erhoben. Nicht einmal der Hirtenstab ist seiner Rechten entfallen, und in seinen männlich schönen Zügen

würden wir vergebens nach Spuren der Bestürzung suchen (Abb. 7). Aber sein ältester Sohn, ein reizender Knabe, nur mit einem weißen faltenreichen Hemde bekleidet, blickt stehend zu dem zornigen Gottesboten empor,

Abb. 12. Grabmal des Giovanni Basso della Rovere. Rom. Santa Maria del Popolo.

den schuldigen Vater zu schonen, der seine Söhne nicht beschneiden ließ.

Zwei prächtige Porträtgestalten, charakteristische Typen der derberen Art Pinturicchios, haben sich zwischen Moses und die anmutige Zippora eingeschoben, die, von dienenden Frauen gefolgt, ihr jüngstes Söhnlein an der Hand eilig herbeikommt und das hüpfende Kind mit der erhobenen Linken auf die himmlische Erscheinung aufmerksam

tuches erinnert sie vielmehr an jene Alte in Botticellis „Jugendleben des Moses" gleich daneben, welche unter den ausziehenden Israeliten als die letzte im langen Zuge zwischen den beiden immergrünen Eichen erscheint. Ferner ist die Zeichnung des Gesichtes und der erhobenen Linken mit den breiten Umrißlinien sehr charakteristisch für den Florentiner Meister, und es wäre in der That ein kurioses Faktum, wenn hier Botticelli

Abb. 13. Deckenmalerei der Kapelle Buffalini. Rom. Santa Maria in Araceli.

zu machen scheint. Die hintere dieser Frauen, welche einen schweren Bronzekrug mit einer Anmut und Leichtigkeit herbeiträgt, als empfände ihr reizender Kopf nichts von der drückenden Last, ist eine ganz eigenhändige Schöpfung Pinturicchios, zu welcher wir vielleicht in den Uffizien noch eine Vorstudie im umgekehrten Sinne besitzen, die vordere gleich hinter Zippora, welche schwerer als ihre Gefährtin an einem gelben Tuchbündel zu tragen scheint, zeigt nicht den umbrischen Frauentypus. Auch in der Pracht des schweren, faltenreichen, fein gestickten Kopf-

wirklich mitten unter den Frauen und Männern Pinturicchios eine Probe seiner Kunst geliefert hätte.

In mehr als einer Hinsicht zeigt sich die nächste Gruppe des Bildes der linken Hälfte überlegen. Offenbar reichte bei der Begegnung des Moses mit dem Engel die Kraft des jugendlichen Künstlers noch nicht aus, Ursache und Wirkung in Einklang zu bringen. Mit welchem Entsetzen weichen in Botticellis Bestrafung der Rotte Korah die Abtrünnigen vor Moses, dem Menschen, zurück; wie ungenügend ist der Ausdruck der

Abwehr beim Gatten der Zippora den Todesdrohungen des Boten Gottes gegenüber, dessen plötzliche Erscheinung bei niemandem in der ganzen Karawane Aufmerksamkeit, geschweige denn Furcht erregt.

Sehr gesammelt dagegen, von der Feierlichkeit des Augenblickes voll durchdrungen hat sich rechts eine gedrängte Gruppe von Zuschauern — Porträt- und Idealgestalten bunt durcheinander — um die Beschneidung des jüngsten Moseskindes geschart. Die unangenehme Prozedur, an welcher der prächtige Junge offenbar kein großes Gefallen findet, wird von der Mutter mit aller Behutsamkeit vollzogen. Vornehme Herren der römischen Gesellschaft, meist weltlichen Standes mit goldenen Ehrenketten über der Brust haben sich freiwillig als Paten eingefunden, aber leider können wir niemandem unter ihnen den stolz klingenden Namen zurückgeben. Meister Perugino hat den größeren Teil dieser ausdrucksvollen Köpfe selbst gemalt, auf ihn geht auch die Frauengruppe zurück, er vor allem hat den edel geschnittenen Kopf des Moses (Abb. 8) — einen idealen Christustypus — selbst gebildet. Aber anfangs ist dem Pinturicchio auch diese Gruppe zugedacht gewesen. Im Berliner Kupferstichkabinett wird, bis heute unerkannt, eine auf dunklem Grunde weiß getönte Zeichnung bewahrt, die seinen ursprünglichen Entwurf aufs klarste erkennen läßt. Derselbe Moses, den der Engel mit dem Tode bedroht, in die gleichen charakteristischen Gewänder gehüllt, steht hier mit gesenktem Haupte und gefalteten Händen augenscheinlich als Zuschauer der Beschneidung seines Sohnes, und neben ihm stehen drei andächtige Frauen, von denen die beiden jüngeren ihr Kopftuch in ganz ähnlicher Weise tragen wie Zippora und ihre Dienerin. Wahrscheinlich weil es galt, eine Reihe von Porträts anzubringen, wurde Pinturicchios Zeichnung verworfen; die Herren wünschten vom Meister und nicht vom Schüler dargestellt zu werden, und bei der Gelegenheit hat Perugino auch den Moseskopf gemalt. Ein Vergleich dieser beiden Mosestypen lehrt uns mit einem Blick den eigentümlichen Kunstcharakter beider Meister begreifen. Perugino ist seinem Schüler vor allem in der Behandlung der Haare voraus, die bei ihm so weich und wellig über Stirn und Schultern fließen, während sie bei Pinturicchio trotz der sorgfältigen Strichelung eine leblose Masse bleiben; Perugino versteht es so meisterhaft, seinen Gesichtern den warmen Ton frisch pulsierenden Lebens zu geben, während bei seinem Gehilfen häufig die kalte, blasse Färbung auffällt. Vor allem aber zeigt sich der ältere Künstler dem jüngeren im Ausdruck überlegen. Neben dem gedankenvollen, wunderbar milden Moseskopf Peruginos, neben seinen geistvoll behandelten Porträtgestalten — man beachte vor allem den Alten und den Jungen in der Ecke rechts über der sitzenden Frau — erscheint Pinturicchio in seinem Mosesideal und seinen derben Bildnisköpfen doch noch als unsicherer Anfänger, der von einer feinfühligen Durchbildung eines Menschenangesichts noch ziemlich weit entfernt ist. Er steht in diesen Gestalten des Sixtinafreskos ungefähr auf derselben Stufe wie der jugendliche Ghirlandajo in seiner Schilderung der ehrenwerten Bürger von San Gimignano in der Kapelle der heiligen Fina.

Aufs höchste dagegen überrascht die in kräftig frischen Farben ausgeführte Landschaft durch ihre Großräumigkeit, durch die edel geschwungenen Linien der blauen Höhenzüge, welche sie begrenzen, durch die Sorgfalt und Freude, mit welcher das Grün der zahlreichen Bäume bis ins einzelne durchgeführt worden ist. Hier öffnen sich Thalgründe, in denen wir leben und atmen können, wo auch die Menschen, die sie füllen, Freiheit für jede Bewegung finden. In der That hat Pinturicchio hier mit einem Schlage als Landschaftsmaler alle seine Genossen in der Sixtina, selbst den phantasievollen Pier' di Cosimo übertroffen, der zum erstenmal einen Sonnenuntergang in der Bergpredigt Rosselis darzustellen unternahm. Im Zickzack schlängelt sich rechts ein Fluß durch das von sanft aufsteigenden Höhenzügen begrenzte Thal, und in nebeliger Ferne heben sich aus dem blauen Dunst die stolzen Türme einer Stadt empor. Links auf den grünen Matten unter einem schwer überhängenden Felsgebilde, wie er uns schon in Fiorenzos Gekreuzigtem begegnet ist, vergnügen sich die jungen Hirten an Spiel und Tanz; Vögelscharen beleben die Luft, und leichte Goldschattierungen geben den Bäumen und Bergen ein plastisches Gepräge.

Die Taufe Christi an der anderen Wand hat von allen Fresken der Sixtina am meisten gelitten (Abb. 9). Die Gruppe der fünf Männer links im Vordergrunde, unter denen der langbärtige Alte durch seine phantastische Kopfbedeckung, wie sie zuerst bei Fiorenzo di

Mehr als eine Taufe Christi ist noch heute von Peruginos Hand erhalten, und Entwürfe von ihm werden in den Uffizien und im Städelschen Institut zu Frankfurt a/M.

Lorenzo vorkommt, besonders auffällt, ist sogar völlig übermalt; wahrscheinlich hat man dieser ganzen Ecke übel mitgespielt, als Michelangelo die Fresken Peruginos an der Altarwand herunterschlug.

bewahrt; aber weder im Tafelbilde der Wiener Galerie noch in den Fresken der Pinakothek von Perugia und der Annunziata zu Foligno ist der Landschaft eine so herrliche Entfaltung gegönnt wie in der

Sixtina. Es bedarf kaum noch eines Ver-
gleiches mit der Anbetung des Kindes in
Santa Maria del Popolo, wo Campanile
und Kuppelbau der fernen Stadt ganz ähnlich neben dem Felsvorsprung herausragt
wie hier der augenscheinlich von römischen
Monumenten inspirierte Gebäudekomplex, man
braucht nur einen Blick zurückzuwerfen auf
„die Reise des Mo-
ses", um sich sofort zu
überzeugen, daß Pin-
turicchio der Schöpfer
dieser Landschaft ist.
Einst war die Far-
benstimmung dieses
weiten Planes, den
Wald und Fluß, den
Berg und Thal so
heiter beleben, aufs
feinste abgetönt, und
noch heute kann man
ahnen, wie sehr diese
Landschaft die Be-
schauer entzückt haben
muß, deren frisches
Wiesengrün im Vor-
dergrunde sich all-
mählich im dunstigen
Blau der fernen Fluß-
ufer verlor, für welche
Pinturicchio die Na-
turstudien bei Ponte
Molle gemacht zu
haben scheint.

In diese noch als
Ruine äußerst fes-
selnde Scenerie
seines Schülers und
Gehilfen hat der
Meister den Entwurf
der Schilderung in
großen Zügen ein-
getragen. In der
Übersichtlichkeit und Symmetrie, in der weisen
Anordnung und Verteilung großer Volks-
mengen, in der Unterordnung der einzelnen Gruppen unter ein klares Komposi-
tionsgesetz erkennen wir sofort Peruginos kundige Hand. Aber damit war auch
sein Hauptwerk hier gethan, und von der
großen Anzahl der Figuren hat er nur
einige wenige der vornehmsten ausgeführt.

Links im Mittelgrunde verkündet der
Täufer den Israeliten das Kommen des

Herrn, rechts predigt Christus selber auf
einem Felsvorsprung stehend, tief unter sich
die andächtig lauschende Menge. In dem
feierlichen Akt der Taufe aber, vor welcher
die profane Menge rechts und links in
scheuer Ehrerbietung zurückgewichen ist,
gipfelt das Interesse der Handlung. Ziehen
wir die Fresken in Perugia und Foligno

Abb. 15. Porträt des Nicola Buffalini. (Nach einer Originalphotographie
von Anderson in Rom.)

(Abb. 10) zum Vergleich heran, so offenbart
sich uns sofort ein Charakteristikum der umbrischen Schule, die, erfindungsarm, wie sie
war, immer wieder in ihren Kompositionen
dieselben Stellungen und Motive verwertete:
wir lernen bei solchem Vergleich aber auch
unschwer den Anteil beider Meister an der
Mittelgruppe im Sixtinafresko unterscheiden.
Der unter andächtigem Gebet die Taufe
empfangende Heiland ist zunächst, wie der
Mauerring, den das nasse Fresko zurückließ,

beweist, ganz für sich gemalt; in Stellung und Gebärden, im zarten, fast schwächlichen Ausdruck des leise gesenkten Kopfes verrät er die größte Verwandtschaft mit dem nur etwas männlicheren Christus in Foligno. Kein Zweifel, Perugino hat sich in der Sixtina die ganze Figur des Erlösers selber vorbehalten, aber den Täufer ließ er durch

das Haupt des Heilandes emporhaltend, ist in der Sixtina sein charaktervoller, von struppigen, lang herabfallenden Locken umrahmter Kopf gesenkt, und mit der Rechten gießt er eben langsam das Wasser über den Täufling aus. Die Auffassung Peruginos ist zu zart für den gewaltigen Bußprediger, der sich in Felle kleidete und sich von Heuschrecken nährte, und Pinturicchios realistische Auffassung befriedigt uns mehr. Ihm gehört auch die altertümliche Darstellung Gott Vaters in den Lüften in dem leblosen Engelrahmen an, sein Werk sind die steifen Engel, welche die Handtücher tragen, und der sitzende Täufling, welcher eben im Begriff ist, die letzten Kleidungsstücke abzulegen.

Das Einfügen ganzer Scharen von Porträtgestalten in biblische Darstellungen mußte den umbrischen Meistern ungewohnt sein. Die Sitte war vorwiegend florentinisch und wurde später von Savonarola scharf gegeißelt. Aber sie mußte in Rom den höchsten Beifall finden, wo seit den Tagen der Antike der Sinn für das Porträthafte in der

Abb. 16. Porträt eines jungen Buffalini. (Nach einer Originalphotographie von Anderson in Rom.)

Pinturicchio malen. Auch hier ist ein Vergleich der starkknochigen hageren Erscheinung des Johannes in der Sixtina mit den Fresken in Perugia und Foligno, wo die Körperformen des Täufers ebenso weich modelliert, ebenso zart gerundet sind wie die des Täuflings, sehr bezeichnend für den Kunstcharakter von Meister und Schüler. Während der Prediger in der Wüste bei Perugino den etwas himmelnden Blick nach oben gerichtet hat, die hoch erhobene Schale über

Kunst niemals ganz verloren gegangen war. In keiner Kunststätte der ganzen Renaissance wimmelt es so von zeitgenössischen Bildnissen wie in der Sixtina; wären uns nur die Namen all' dieser weltlichen und geistlichen Herren überliefert worden! Welch' einzigartiges, kulturhistorisches Gemälde! Aber Vasari, welcher einen ähnlichen Verlust bei der Beschreibung der Fresken des Campo Santo von Pisa beklagt, hat [sich] doch nicht die Mühe genommen,

Abb. 17. Verklärung des heiligen Bernardin. Rom. Santa Maria in Araceli.
(Nach einer Originalphotographie von Anderson in Rom.)

Genaueres über die Männer zu erforschen, welche die Sixtinische Kapelle beleben. Seine Resultate würden glücklicher gewesen sein, wie die unsrigen, denn auch die Porträtgestalten in der Taufe Christi lassen sich nicht identifizieren. Links hinter dem langgewandeten Jüngling mit dem Blumenstrauß in der Linken meint man in einigen besonders seinen Köpfen die Hand Peruginos zu entdecken; rechts hat vorwiegend Pinturicchio die blassen Gesichter gemalt. Nur den alten, vornehmen Höfling mit der breiten Ehrenkette, den ein Jüngling zärtlich umschlingt, muß Perugino selbst gemalt haben (Abb. 11). Der hohe Rang des würdigen Mannes, dessen Kopf so unendlich viel seiner durchgeführt ist, wie die gröberen Züge seiner Begleiter, mochte die Rücksichtnahme verlangen. Wahrscheinlich dürfen wir in dem bartlosen Greise den Schwager Sixtus' IV.,

Giovanni Basso della Rovere, erkennen, der am 17. August 1483 in hohem Alter gestorben ist und dessen zierliches Renaissancedenkmal in Santa Maria del Popolo ein Schüler Pinturicchios mit einem Bilde des toten von Engeln betrauerten Christus geschmückt hat (Abb. 12).

Die Bedeutung des jugendlichen Pinturicchio in der Kapelle Sixtus' IV. tritt vor Perugino, Botticelli, Ghirlandajo, Signorelli entschieden zurück. Wie er nicht im Kontrakt erwähnt wird, den der Papst mit seinen Künstlern schloß, so ist sein Name auch jahrhundertelang nicht in der Sixtina genannt worden. Er wurde erst in unseren Tagen wieder in seine Rechte eingesetzt, und mag man dem Perugino nun größeren oder geringeren Anteil an den Fresken der Taufe und Beschneidung zugestehen wollen, den Ruhm, als Landschaftsmaler selbst die Florentiner übertroffen zu haben, wird niemand Pinturicchio streitig machen dürfen. Seine ersten Leistungen in Rom müssen aber auch bei den Zeitgenossen Anerkennung gefunden haben, denn es drängten sich jetzt die Bestellungen, und die nächsten zwanzig Jahre seines Lebens finden wir den Meister fast ununterbrochen in Rom beschäftigt, die Geschlechtskapellen großer Familien, die Paläste der Kardinäle und endlich die glänzenden Räume des Vatikans mit Wandmalereien zu schmücken. Der eigentümliche Charakter der römischen Kunst in den nächsten Jahrzehnten vor allem unter Innocenz VIII. und Alexander VI. ist im wesentlichen durch Pinturicchio mitbestimmt worden.

III.

Wenn in der dämmernden Kirche von Santa Maria in Araceli hoch oben auf dem Kapitol der letzte Laut des Tages mit den monotonen Vespergebeten der Franziskanerbrüder verhallt ist, wenn nur noch hier und da eine fromme Seele in andächtige Betrachtung versunken ist vor einem der matt erleuchteten Altäre im weiten Schiff der Kirche, das auf den Säulen der alten Kaiserpaläste ruht, wenn die Glut der Abendsonne durch das schmale gotische Fenster in die Kapelle des heiligen Bernardinus eindringt, dann ist der Augenblick gekommen, Pinturicchios Kunst in seinem herrlichsten Jugendwerke kennenzulernen. Ein unbeschreiblich poetischer Zauber ruht in solchen Dämmerstunden über dem

Abb. 18. Sankt Ludwig von Toulouse.

Allerheiligsten von
Araceli, ein Abend-
friede strahlt uns
aus Pinturicchios
herrlichem Altar-
fresko entgegen, wie
ihn selbst der An-
blick der Natur nicht
tiefer in die Seele
senken kann. Wie
die Sonne langsam
herniedersinkt, zieht
ihre gesättigte Strah-
lenglut wie ein leuch-
tendes Meteor über
das ganze Gemälde
hin, erst die farben-
prächtigen Bischofs-
gewänder des heiligen
Ludwig vergoldend,
dann die lilientra-
genden und musi-
zierenden Engel mit
magischem Lichtglanz
streifend und endlich
mit ihren letzten
Flammengruß das
Haupt des heiligen
Bernardin berüh-
rend, dessen mildes
Greisenantlitz sich im
Abglanz einer ande-
ren Welt verklärt.

Die kleine Ka-
pelle, gleich rechts

Abb. 19. Der Christus aus der Verklärung des heiligen Bernardin.
(Nach einer Originalphotographie von Anderson in Rom.)

am Eingang der uralten Kirche wurde von
den Buffalini gestiftet. Gleich nach der im
Jahre 1450 erfolgten Kanonisation Sankt
Bernardins scheint das alte Geschlecht die
Kapelle dem Kultus des neuen Heiligen
geweiht zu haben, der sich durch Beilegung
eines bösen Haders zwischen ihnen und den
Baglioni von Perugia Anrechte auf ihre
Dankbarkeit erworben hatte. Wahrscheinlich
ließ der im Jahre 1506 verstorbene päpstliche Konsistorialadvokat Nicola Buffalini,
dessen Namen man noch im vorigen Jahrhundert auf einer Grabplatte las, die Kapelle von Pinturicchio ausmalen, und zwar
berechtigt die nahe Stilverwandtschaft dieser
Fresken mit den Malereien in der Sixtina
zu dem Schluß, daß der Auftrag, in welchem
Pinturicchio zum erstenmal selbständig in
Rom auftrat, schon etwa ums Jahr 1484

erfolgt sein muß. Leider hat die Schönheit
der Kapelle, welche heute statt der ursprünglichen Marmorschranken ein häßliches Holz-
gitter von der Kirche abschließt, durch eine
neuere Übermalung arg gelitten. Noch im
XVIII. Jahrhundert rühmte man die glänzende Erhaltung der Wandgemälde, während
wir heute nur noch im Mittelbilde den un-
getrübten, frischen Reiz einer eigenhändigen
ehrlichen Jugendarbeit entdecken, wie er
in späteren Werken des mit Arbeit über-
bürdeten Meisters nur noch selten wiederkehrt.

Ein gotisches Kreuzgewölbe überdacht
das kleine Heiligtum, über dem in der Mitte
auf blauem Grunde in goldener Schrift das
Jesuszeichen Sankt Bernardins erscheint, das
er als Zeichen gläubigen Bekenntnisses von
einer Stadt zur anderen trug, mit dem ihn

die Kunst seither unzähligemale geschildert hat. Die Altarwand ist frei gelassen für ein einziges Bild, die Seitenwände der Kapelle sind durch Architrav und Pilaster in verschiedene Felder eingeteilt. Alle Ornamentik, die zum Teil zerstört ist, wurde in Chiaroscuro ausgeführt, und die kandelaberartigen Verzierungen, welche die Pilaster schmücken, schließen sich unverkennbar an das Dekorationssystem der Sixtinischen Kapelle an. Die Evangelisten Matthäus, Markus, Lukas und Johannes thronen auf breiten Wolkenschichten in den vier blauen mit goldenen Sternen übersäten Gewölbefeldern und gehören trotz aller Zerstörung noch heute zu den empfindungsreichsten Einzelfiguren, welche Pinturicchio geschaffen hat (Abb. 13). Der jugendliche Matthäus mit dem großartig geworfenen weißen Mantel über den Knieen taucht die Feder eben ins Tintenfaß, das ihm ein knieender Engel demütig darbietet und, in der Linken das aufgeschlagene Buch emporhaltend, blickt er von Begeisterung durchglüht zum Himmel auf, von oben die Inspiration für seine Worte erflehend. Der greise Johannes, dessen Adleremblem durch

eine spätere Übermalung unsichtbar geworden ist, blättert bedächtig in einem uralten Kodex, während Lukas mit fast erschrockenem Blick die erhobene Feder betrachtet, ehe er sie ansetzt, um seine Gedanken zu Papier zu bringen. Sankt Markus, der von den vier Lunettenbildern am besten erhalten ist, hat es weniger eilig. Behaglich neben seinem zähnefletschenden Löwen auf seinem Wolkenthron sitzend, putzt er bedächtig die Feder, mit sich selbst und mit der Welt in voller Harmonie.[1] Botticelli und Ghirlandajo haben ähnliche Stimmungen in ihren berühmten Heiligengestalten von Ognisanti zum Ausdruck gebracht, und niemand anders als Michelangelo hat die hier verfolgte Entwickelung in seinen Propheten der Sixtina zur herrlichsten Vollendung geführt.

Die Fresken der ziemlich willkürlich gegliederten Fensterwand haben durch Feuchtig-

[1] Ziemlich schwache, mehr oder minder freie Wiederholungen dieser Evangelisten von einem Schüler Pinturicchios, dort um einen thronenden völlig übermalten Gott Vater geschart, befinden sich am Gewölbe der Sakristei von Santa Cecilia in Rom.

Abb. 20. Detail aus der Verklärung des heiligen Bernardin.

teit und Übermalung am meisten gelitten. Gleich rechts vom Eingang erblicken wir die Stigmatisation des heiligen Franciskus in der Einöde von La Verna. Das geheimnisvolle Wunder, durch welches Gott selbst auf oben auf schroffem Felsvorsprung sich erhebt, die lebendigste Vorstellung von dieser merkwürdigen Einöde gegeben haben, heute sind die Farben fast alle verschwunden. Im Vordergrunde kniet Franciskus in grauer

Abb. 21. Deckenmalerei. Rom. Palazzo Colonna.

Leben und Wandel des Heiligen von Assisi das letzte Siegel gedrückt hatte, leitet bedeutungsvoll die kurze Lebensgeschichte seines größten Jüngers ein. Einst muß die landschaftliche Scenerie des Klosters La Verna, welches in weltentrückter Einsamkeit hoch Kutte, die erhobenen Hände den Kreuzesmalen entgegengebreitet, die ein feuriges Kruzifix vom Himmel herniedersendet. Noch liest man im halberloschenen Blick seines Auges die unaussprechliche Seligkeit dieser mystischen Vereinigung mit Gott, während sein Begleiter, der unvermeidliche Zeuge des Wunders und sein Bekenner vor der Welt, ahnungslos in heilige Lektüre versunken ist. Wer Pinturicchio vor allem in seinen späteren glänzenderen Werken kennt, den Malereien sehen, daß der Künstler in späteren Jahren den Beschauer nur selten noch so innerlich zu erfassen vermag wie in der Kapelle Buffalini, weil er mehr und mehr das Wesen der Dinge dem schönen Schein zum Opfer brachte.

Abb. 22. Deckenmalerei. Rom. Palazzo Colonna.

im Appartamento Borgia und in der Libreria von Siena, denen er seinen Weltruhm verdankt, den überrascht die miniaturartige Feinheit in der Ausführung dieser Landschaft, die seelenvolle Tiefe des Ausdrucks in den Zügen des heiligen Franz. Wir werden Die Gruppe von Mönchen und Laien unter dem Fenster hat bis heute keine genügende Erklärung gefunden, und vielleicht bedarf es einer solchen nicht, wenn wir hier nur Porträtgestalten erkennen wollen, welche der Künstler, weil sie ihm zu malen

Abb. 23. Detail aus dem Missale des Kardinals Domenico della Rovere. Turin. Museo Civico. Gian Francesco de' Maineri. (Nach einer Originalphotographie von Anderson in Rom.)

aufgetragen waren, in einen losen Zusammenhang wenigstens mit den übrigen Darstellungen zu bringen versuchte. Gleichsam als schaute er das große Wunder in einer Vision, scheint der ernste alte Kuttenträger in der Mitte seinen staunenden Zuhörern zu erzählen, wie herrlich sich der Gekreuzigte an seinem demütigen Diener geoffenbart hat. Verwunderung und Andacht drückt sich in Mienen und Gebärden seiner Begleiter aus, und nur der Porträtkopf eines Laien blickt völlig teilnahmlos aus dem Bilde heraus.

Mit Sicherheit dagegen kann man wohl die letzte Szene der Fensterwand als Einkleidung Bernardins in die Ordenstracht des heiligen Franz erklären. Einer aus der Schar der Brüder reicht dem jungen Heiligen, der sein weltliches Gewand abgelegt hat und, nur mit einem Lendenschurz bekleidet, betend auf die Knie gesunken ist, die graue Kutte dar, und Maria selbst, mit dem segnenden Kinde hoch über einer zerfallenen Mauer erscheinend, muß dem feierlichen Akt die Weihe geben, weil Bernardin sein Ordenskleid am Tage der Geburt der Jungfrau genommen hat.

Die Darstellung im Bogenfelde der Kapellenwand gegenüber führt uns in die Jahre vor der Einkleidung zurück. Bernardin hat selbst einmal in einer Predigt seinen Zuhörern erzählt, wie er sich nach schwerer Krankheit in die Einöde bei Siena zurückzog, sich eine Bibel kaufte und eine Kamels-

haut und von wilden Kräutern zu leben beschloß. Der Ruf seiner Heiligkeit war längst bekannt in der Stadt, wo er während der Pest die Kranken gepflegt hatte, und so schildert Pinturicchio die Szene, wie die wackeren Bürger von Siena, alt und jung, hinausgezogen sind, den frommen Knaben in seinen Betrachtungen zu belauschen. Bernardin merkt von dem allen nichts; ganz in die Lektüre seiner Bibel versunken, wandelt er mit bloßen Füßen langsam über den mit Blumen übersäten Plan. Hier blühen Hyazinthen und Primel und feuerrote Anemonen, ein Wässerlein sickert langsam in einen stillen Teich hinab, und gleich wird der jugendliche Büßer im kühlen Waldesschatten verschwinden.

Im Fresko darunter, das die ganze Wand bis zum Architrav ausfüllt, erblicken wir den Heiligen schon auf der Bahre (Abb. 14). In starrer Todesruhe liegt der Knecht des Herrn auf grünem, golddurchwirktem Teppich ausgestreckt barfuß, wie es die Franziskanerregel forderte, und ganz in die armselige graue Kutte gehüllt, aus welcher sein friedliches mit leichtem Strahlenkranz umrahmtes Antlitz leuchtend wie eines Gerechten Angesicht hervorschaut. Zahllose Wunder bezeugen noch jetzt Gottes Wohlgefallen an seinem Heiligen, aber Pinturicchio hätte doch, sich der hohen Aufgaben der Kunst erinnernd, in der Schilderung der Blinden und Krüppel weniger ausführlich sein können. Außer diesen Unglücklichen zeigen nur noch seine frommen Brüder wirkliche Teilnahme am Tode Sankt Bernardins, und auch bei ihnen drängt die Andacht jede laute Schmerzens-äußerung zurück. Was sich sonst noch auf dem weiten Platze bewegt, dessen Gebäude-pracht augenscheinlich von Fiorenzos Mi-niaturbildern seinen Ursprung herleitet, wird von dem Vorgang nicht berührt, nur im Hintergrunde werden noch einige Wunder-thaten des Verstorbenen in kleinen Verhält-nissen geschildert. Den Vordergrund rechts und links behaupten die männlichen Sprossen des Hauses Buffalini. Links erscheint der würdige Nicola selbst (Abb. 15) in gelber Brokatrobe mit langen hermelinbesetzten Ärmeln, in der linken die weißen Hand-schuhe, in der Rechten ein schwarzes Stäbchen tragend, sicherlich das Abzeichen einer hohen Würde. Vor ihm marschiert voller Selbst-bewußtsein ein winziger Page, den Schild des Herrn auf den Rücken gebunden, sein riesiges Schwert in prächtiger Scheide vor ihm hertragend. Gewiß sind es die blü-henden Söhne des vornehmen Mannes, welche rechts im Vordergrunde nebenein-ander erscheinen, der ältere ohne jeden Schmuck in langem hellroten Talar (Abb. 16), der jüngere gewichtig einherschrei-tend mit einer breiten Goldkette um den Hals und zwei Ringen an den zierlichen Fingern. Nun ruhen sie alle miteinander unter dem kalten Marmorboden der Kapelle, und von dem Geschlechte der Buffalini wüßte man nichts mehr in Rom, hätte nicht Pinturic-chios Kunst ihrem Namen Unsterblichkeit verliehen.

Wie ein Blick aus der Endlichkeit in die Ewigkeit berührt uns die Betrachtung des ruhig visionären Altarbildes (Abb. 17), wenden wir uns von dem bunten Menschen-getümmel ab, welches sich um den toten Bernardin geschart hat. Das gesegnete Ge-dächtnis des erst 1446 verstorbenen Fran-ziskaners, der auch in Rom einmal achtzig Tage hintereinander mit hinreißender Be-redsamkeit den Jesus-namen gepredigt hatte, mußte noch in aller Herzen lebendig sein, als Pinturicchio das Heiligtum in Araceli ausmalte. Er schildert die Glorie des hei-ligen Bernhard wie etwa eine Verklärung auf dem Berge Tabor. In der herrlichsten Landschaft erscheint der Heilige auf einem Felsblock stehend, die Rechte lehrenderhoben, in der Linken das auf-geschlagene Buch mit den Bekennerworten emporhaltend: Pater, manifestavi nomen tuum omnibus.[1] Links

Abb. 21. Porträt Alexanders VI. Rom. Appartamento Borgia.
(Nach einer Originalphotographie von Anderson in Rom.)

[1] Vater, ich habe deinen Namen aller Welt geoffenbart.

erblicken wir Sankt Ludwig von Toulouse
(Abb. 18), rechts den heiligen Antonius von
Padua. Sonst ist es ganz still und einsam
im weiten grünen Feld und auf den leicht
bewaldeten Bergen, nur auf dem blauen
Wasser im Hintergrunde ziehen die Schiffe
ihre lautlosen Bahnen.[1]) Oben am dunkelblauen Himmel erscheint der Erlöser in goldener Glorie, die Arme ausbreitend mit den
Nägelmalen und seine bluttriefende Seiten-

Bernardin die Ehrenkrone auf das Haupt
zu setzen. Wollte der Künstler die Himmelfahrt Christi schildern, weil sein Heiliger
an der Vigilie der Himmelfahrt in Aquila
gestorben war, wollte er den Gläubigen
eine Verherrlichung Bernardins vor die
Augen führen, wie sie seit Giotto in der Kunst
gebräuchlich waren? Wahrscheinlich hat sich
das tief und innig empfundene Gemälde aus
beiden Gedanken zu einem so harmonischen

Abb. 25. Gewölbedekoration im Saale des Marienlebens. Rom. Appartamento Borgia. Schule des Pinturicchio.
(Nach einer Originalphotographie von Anderson in Rom.)

wunde zeigend (Abb. 19). Fromme Engel
erfüllen die Luft mit den süßesten Klängen
ihrer mannigfachen Instrumente, andere flattern eilig herbei, den Heiland anzubeten,
noch andere sind herabgeschwebt, Sankt

Ganzen verbunden. Pinturicchio hat niemals
wieder so gut und übersichtlich komponiert,
selten sich so streng in den Grenzen seines
Könnens gehalten wie hier, selten seine ganze
Kraft so zusammengerafft.

Prüfen wir im einzelnen, so überrascht
uns der seelenvolle Ausdruck der Köpfe.
Welch' ein geheimnisvolles Wesen, welch'
ein ergreifender Ernst in der Erscheinung
des Auferstandenen, welch' ein unbewußter
Zauber in den musizierenden Engeln, für
welche sich der Künstler bei Melozzo da Forli
inspiriert hat (Abb. 20), welch' eine feine

---

[1]) Zwei Darstellungen in winzigen Figuren,
die Schlichtung des Streites durch Bernardin
zwischen den Brisatini und Baglioni (links unter
dem Felsen) und eine Predigt im Freien (gleich
rechts vom Heiligen im Thalgrunde) stören die
Harmonie des Ganzen nicht, weil sie dem Beschauer mit bloßem Auge kaum sichtbar werden.
Pinturicchio brachte diese Scenen wohl nur an, um
die Wünsche seiner Auftraggeber zu befriedigen.

Charakteristik vor allem in den drei Heiligengestalten unten auf der grünen Erde! Die
ganze Gestalt des heiligen Antonins erscheint
von heißem Liebesglühen durchzittert, wäh-
rührendsten Heiligengestalten, welche die
neuere Kunst geschaffen hat. Kein Idealtypus wie seine Begleiter ist er ein ideali-
sierter Charakterkopf, das durch himmlischen

Abb. 26. Verkündigung. Rom. Appartamente Borgia. Schule des Pinturicchio. (Nach einer Originalphotographie von Anderson in Rom.)

rend der Bischof mit dem Jünglingsantlitz
so friedlich seine Meßgebete liest, als ginge
ihn all' die Herrlichkeit des Himmels und
der Erde um ihn her nichts an. Sankt
Bernardins aber ist ohne Zweifel eine der
Glorienschein verklärte Bild des Heiligen
selbst, wie es die sienesische Malerschule in
zahllosen Darstellungen so treu bewahrt hat.
Der heilige Wandel Bernardins, sein in Liebe
für die Brüder sich verzehrendes Handeln,

sein reines Denken und seine milde Rede, der ganze, durch keine Leidenschaft getrübte klare Spiegel seiner Seele leuchtet uns aus diesem Bilde mit unwiderstehlichem Zauber entgegen.

weiß Vasari zu berichten, daß sie im Palazzo Colonna für den Kardinal Giuliano della Rovere thätig waren, den mächtigen Nepoten Sixtus' IV., der unter dem schwachen

Abb. 27. Geburt des Kindes. Rom. Appartamento Borgia. Schule des Pinturicchio. Nach einer Originalphotographie von Anderson in Rom.

IV.

Vielleicht schon vor seinen Malereien in der Cappella Buffalini, wahrscheinlicher aber gleich darauf trat Pinturicchio noch einmal mit seinem Lehrmeister Perugino in Verbindung. Von beiden Meistern wenigstens Innocenz VIII. nichts von seinem früheren Einfluß verloren hatte. Die umbrischen Malereien gingen durch die Poussin und Zuccaro in späteren Jahrhunderten zum größten Teil zu Grunde, welche die Wände mit Landschaften und die Decke mit Wappenmalereien schmückten, während die Lunetten der Wölbung durch moderne Schlachtenbilder ausgefüllt werden. So blieben nur noch in den Bogenzwickeln die reizenden Malereien des Quattrocento erhalten, welche neuerdings alle mit Recht für Pinturicchio in Anspruch genommen worden sind. Die feinen Ornamente sind in Chiaroscuro auf hellblauem oder mosaiciertem Goldgrunde ausgeführt und unendlich abwechselnd in den Motiven. haben (Abb. 22). Überall strengste Symmetrie, bewunderungswürdigste Kunst, die Flächen auszufüllen, unendlicher Reichtum an Formgedanken! Es ist wohl denkbar, daß der kunstsinnige Roverekardinal von dieser Art der Dekoration entzückt, den aufstrebenden Künstler an den Papst empfahl, welcher sich eben zur Ausschmückung seines Belvedere nach geeigneten Kräften umsah. Etwa im Jahre 1486 trat Pinturicchio aufs neue in

Abb. 28. Detail aus der Geburt des Kindes. Rom. Appartamento Borgia.
(Nach einer Originalphotographie von Anderson in Rom.)

Die kleinen historischen Darstellungen aus dem Heiden- und Judentum, Mucins Scävola und Virginia, Judith und David werden noch durch die rein dekorativen Malereien an Anmut und Grazie übertroffen. Wir sehen zwei alte Flußgötter ruhig auf ihren Sphinxen unter lustig plätscherndem Springbrunnen gelagert, jeder einen Ährenstrauß einem prächtigen, zahmen Pfau entgegenhaltend (Abb. 21), wir sehen fröhliche Knaben, welche an ihren langen Bärten widerstrebende Ziegenböcke herbeizerren, auf deren Rücken sich mutwillige Putten vor einer Schlange geflüchtet päpstliche Dienste ein; immer glänzender wurden die Aufträge, immer lauter wurde sein Name neben den ersten Künstlern Italiens gepriesen, und als er gar im Belvedere seine überlegene Kunst als Landschaftsmaler entfaltete und hier „nach Art der Flamländer" Ansichten der Hauptstädte Italiens auf die Wände gezaubert hatte, da war man des Staunens voll, und auch Innocenz VIII. scheint aufs höchste befriedigt gewesen zu sein. Damals hat Pinturicchio auch eine Madonna in Überlebensgröße in Temperafarben ausgeführt für die Kapelle

Abb. 29. Detail aus der Anbetung der Könige. Rom. Appartamento Borgia. (Schule des Pinturicchio.
(Nach einer Originalphotographie von Anderson in Rom.)

der heiligen Lanze in Sankt Peter, aber leider ging dies Bild mit fast allen Arbeiten jener Epoche im Laufe der Jahrhunderte zu Grunde. Wir besitzen nichts mehr von den viel bewunderten Städteansichten, wir würden ein zweites von Vasari erwähntes Marienbild über dem Haupteingang des villenartig angelegten Schlosses vergebens suchen, und nur an den Wänden und Decken des heutigen Museo Pio Clementino entdeckt man noch mit Mühe neben der späteren überladenen Dekoration Clemens' XIV. die letzten Spuren der Thätigkeit des umbrischen Meisters. Eine luftige Bogenhalle öffnete sich ursprünglich auf die geräumige Terrasse mit dem unaussprechlich schönen Blick auf den grünen Monte Mario und den blauen Soracte und die weite melancholische Ebene der römischen Campagna. Als die Loggia zugebaut wurde, um Platz zu schaffen für einen Teil der päpstlichen Skulpturensammlung, verlor diese reizende Schöpfung Innocenz' VIII. vollständig ihren Charakter, und vielleicht gingen auch damals erst Pintu-

ricchios Städtebilder zu Grunde, die man noch unter der heute gelb getünchten Innenwand der früheren Loggia vermuten darf.

Von goldenem Flammenkranz umgeben, prangt an der schmalen Decke dreimal das Wappen Innocenz' VIII, und die Jahreszahl 1487, welche mehreremale zwischen den leichten Blattgewinden wiederkehrt, giebt über die Entstehungszeit der Arbeiten jeden wünschenswerten Anschluß. Die etwas plumpe Ornamentik ist ganz wie im Palazzo Colonna in Chiaroscuro auf hellblauem Grunde ausgeführt, die kleinen Medaillons zwischen den Blättergeweben sind zum Teil übermalt. Sie stellen antike Liebes-, Kampf- und Opferscenen dar: Leda mit dem Schwan, Jupiter und Jo, Ganymed den Adler tränkend, Dädalus und Icarus.

Besser erhalten, aber doch auch nicht mehr ganz intakt sind die sieben Puttenpaare nebeneinander in den Bogenzwickeln, die noch alle Pinturicchios Kunstcharakter auf der Stirn geschrieben tragen. Pflichteifrigst halten sie das Wappen des Papstes empor, oder sie versuchen sich mit großer Andacht auf den mannigfachsten musikalischen Instrumenten, oder sie zeigen dem Beschauer die stolze Devise der Cibo, den farbenfunkelnden Pfau, der prahlerisch auf einem Spruchband mit der französischen Devise steht: „Léauté passe tout."

In den zwei anstoßenden kleinen Gemächern, deren Decken nach denselben Dekorationsprincipien ausgeschmückt sind, werden wir im Figürlichen der Bogenlunetten schwerlich noch Pinturicchios eigene Hand erkennen dürfen. Vielmehr tritt hier zum erstenmal in den paarweise angeordneten Propheten und Philosophen, in einem schwer sichtbaren, schon gegenständlich höchst ansprechenden Männer- und Knabenkonzert ein etwas archaischer Schüler und Gehilfe in seine Rechte ein, dem wir noch einmal wieder in der Torre Borgia begegnen werden, ohne daß es bis heute gelungen wäre, seinen Namen zu entdecken.

Nicht viel glänzender als diese armseligen Reste einer jahrelangen Thätigkeit im Dienst des Cibopapstes ist das, was sich im Palazzo de' Penitenzieri von Pinturicchios Arbeiten für Domenico della Rovere erhalten hat. Dieser feinsinnige, als Förderer der Künste auch sonst noch bekannte, Nepot Sixtus' IV. (Abb. 23) scheint zu den ältesten Freunden des umbrischen Meisters in Rom gehört zu haben, den er mit Perugino sogar in seinem weitläufigen Palast an der Piazza Scossacavalli beherbergt haben soll. Obwohl verunstaltet und verfallen wie nur einer der herrlichen alten Kardinalssitze des Quattrocento, hat dieses mächtige Fürstenhaus, in dem es den elf Brüdern der Penitenzieri, die es jetzt bewohnen, wahrlich nicht an Raum mangelt, doch heute noch einen Abglanz wenigstens seines früheren Glanzes bewahrt.

Nach wiederholtem Klingeln der halb verrosteten Glocke öffnet ein alter Pförtner eine winzige Seitenthür in dem mächtigen Portal, er erkennt ein bekanntes Gesicht, empfängt die buona mancia und läßt uns allein. Nichts ist verschlossen in den hohen, kühlen Räumen, und keiner ihrer stillen Bewohner wird uns hindern, im leeren Palast bis unter den Dachstuhl hinauf in Hof und Garten den Spuren Pinturicchios nachzugehen. Noch deutlich erkennt man in einem halbverbauten, von Modergeruch erfüllten Hof die Spuren der prächtigen Sgraffitti, welche, plastisch aus dem

Abb. 30. Detail aus der Ausgießung des heiligen Geistes. Rom. Appartamento Borgia. (Schule des Pinturicchio. Nach einer Originalphotographie von Anderson in Rom.)

grauen Mauerkalk hervorgearbeitet und weißge-
tönt, einst die Außenwände des Palastes zierten.
Durch breite Architrave waren die hohen Mauern gegliedert, luftige Arkadenbögen füllten die
Zwischenräume, und darunter sah man heute
fast ganz zerstörte Bildwerke prangen. Oben
unter dem Dach lief eine gemalte Galerie
entlang, Waffenstücke, Sphinxe und Delphine,
durch Rankenornamentik zu einem phan-
tastisch wirkenden Ganzen verbunden, zogen
sich gleichmäßig über die weiten Flächen hin.
Einfacher waren die nach Hof und Garten
gerichteten Wände der hufeisenförmigen Anlage gegliedert, in deren Mitte sich noch heute
über dem hoch überdachten gefällig aufgebauten
„Bramantebrunnen" ein reizendes Orangen-
wäldchen erhebt. Alles ist dem Untergang
verfallen und schon in früheren Jahrhunderten verunstaltet wor-
den, die breite Frei-
treppe zur Rechten ist
zerstört, die kühle
Loggia, welche rechts
und links das Gärtchen
einschloß, ist vermau-
ert, der Springbrunnen
in der Mitte unter
tief herabhängender
Weinlaube hält kaum
noch das melancholisch
herabsickernde Wasser in
seinem halbzerstörten
Bassin, aber die Oran-
gen und Citronen sind
gewachsen seit den Ta-
gen des Domenico della
Rovere, und über der
Außenmauer des im-
mergrünen Haines mit
den kaum noch erkennt-
lichen Malereien wu-
chern Schlinggewächse
aller Art, und der
üppige Epheu, der un-
aufhaltsam sich weiter-
spinnende Schleier, mit
dem die Natur mit-
leidig die starre Blöße
der Ruinen deckt. Ver-
fall und Schweigen
rings umher! Und
doch ist der Schatten
des glänzenden Kir-
chenfürsten noch nicht

ganz aus den stillen Mauern gewichen.
Dort, wo zwischen den schön gemalten Pilastern, welche die feinen Rustikablöcke gliedern,
die marmornen Fensterrahmen sich öffnen, un-
zähligemal über Thüren und Fenstern des
ganzen Palastes liest man noch den Namen
des Erbauers: Do. Ruvere car. S. Clemen.
— Domenico della Rovere Kardinal von San
Clemente — und seine fromme Devise Soli
Deo. Vom Wappen Sixtus' IV. allerdings,
das zwei Putten hielten, ist heute an der
Fassade auch nicht eine Spur mehr zu finden,
und doch ist diese Malerei das einzige, was
Vasari von den Arbeiten Pinturicchios im
Palast des Roverenepoten namentlich erwähnt hat.

Mehr ist im Inneren erhalten. Die drei
großen Säle im unteren Geschoß, in denen sich

Abb. 31. Madonnenbild. Schule des Pinturicchio. Paris. Louvre.

3*

Abb. 32. Die Auferstehung Christi. Rom. Appartamento Borgia.
(Nach einer Originalphotographie von Anderson in Rom.)

einst die zierliche Eleganz der Frührenaissance-
dekoration in seltener Reinheit und Anmut entfaltete, sind teilweise an Decke und Wänden
übertüncht und ganz verbaut, und doch tragen
sie noch Spuren der vergangenen Pracht. In
den Fensternischen stehen noch die alten Mar-
morbänke, wie auch im Appartamento Borgia,
im ersten Saal zur linken — wie der zweite

durch einen Einbau zerschnitten — sieht
man noch das Balkenwerk unter der weißen
Tünche und liest an einer Konsole unter
dem Monogramm Christi das Jahr der
Vollendung des Palastes 1490; die Decke
des zweiten Raumes ist durch Goldleisten
in quadratische Felder geteilt, in deren Mitte
goldene Rosetten prangen, und die Hohl-

lehte, welche Decke
und Wand verbin-
det, ist zierlich ge-
gliedert, mit antiken
Porträts in den
Stichkappen, mit
Apostelköpfen in den
Lunetten geschmückt,
von denen man we-
nigstens drei von
der Tünche befreit
hat, die aufs deut-
lichste Pinturicchios
eigene Hand offen-
baren.

In den kleine-
ren Gemächern ne-
benan, die für Pri-
vatzwecke dienen, ist
noch zum Teil das
sein bemalte Balken-
werk der Decke er-
halten, und hier
entdeckt man auch
in die Wände ein-
gemauert und ganz
durch Tünche ent-
stellt die Reste eines
reizenden Marmor-
tamins und einen
nicht minder zierli-
chen Thürrahmen mit
duftigem Frühre-
naissanceornament.

Der ganz übergoldete Holzplafond endlich, welcher den dritten Raum überdeckt,
gehört zu den phantasiereichsten Arbeiten,
die Pinturicchio je gemacht hat, und zeigt
überdies in der Einzelausführung eine Feinheit und Eleganz wie wenig andere rein
dekorative Arbeiten des Meisters. So dürfen
wir annehmen, daß den Gehilfen allein die
Dekoration der reichen Flächengliederung
überlassen blieb, während Pinturicchio selber
die Ausmalung der achteckigen Felder über-
nommen hat. Alles, was antike Fabeln von
Halbwesen im Wasser und auf der Erde zu
erzählen wußten, ist hier auf dem fein
mosaicierten Goldgrunde dargestellt. Phantastische Meerbewohner, die in Liebe verbunden sind oder sich tödlich bekämpfen,
Drachen und Amazonen sieht man hier,
Delphine und Walrosse, reizende Meeres-
götter, die sich zärtlich umarmen. Wir

Abb. 33. Porträt Alexanders VI. Rom. Appartamento Borgia. Nach einer
Originalphotographie von Anderson in Rom.

sehen einen geflügelten Hirsch, der sich
an den Früchten eines Füllhorns labt,
eine Sphinx, die mit einem Drachen
spielt, Wassernixen, die sich in den Fluten
tummeln, Centauren, die sich bekriegen,
Satyrn, welche die Weinernte besorgen,
Sirenen mit der Mandoline, Nymphen, die
auf Delphinen reiten, und andere Fabelwesen mehr, deren mannigfachste Erscheinungen in der That Pinturicchios Phantasie
erschöpft zu haben scheint.

Nach weiteren Erinnerungen an Domenico della Rovere und seine Künstler wird
man im Palast der Penitenzieri vergeblich
suchen. Nur ein vergoldeter Holzplafond
in einem der hinteren Räume und ein marmorner Thürrahmen im oberen Stockwerk
stammen noch aus jener Zeit; die kleine
Kapelle mit dem kassettierten Tonnengewölbe,
in dessen Feldern die Eiche der Rovere mit

dem Adler der Altdosi wechselt, wurde erst vom Kardinal von Pavia ausgeschmückt, dem viel gehaßten Liebling Julius' II., welchen der Herzog von Urbino in Ravenna nach der Einnahme von Bologna auf offener Straße niederstieß.

„Dies Haus möge stehen, bis die Ameise die Meeresfluten ausgetrunken hat und die Schildkröte rings um die Welt herumgekrochen ist",[1]) diesen Haussegen hatte der Kardinal nach der Sitte der Zeit auf marmorner Tafel in eine der Wände eingefügt, froh, daß sein Palast endlich vollendet war. Aber er hat damit das ewig alte Verhängnis nicht beschworen, daß den schönsten Dingen auf der Erde das traurigste Schicksal vorbehalten ist. Als jenes glänzende Monu-

ment der römischen Frührenaissance, als jener vornehme Fürstensitz, wo jedes Bedürfnis nach Luft und Licht, nach Kühlung und Sonnenschein, nach Ruhe und Geselligkeit vollste Befriedigung fand, wo nichts dem Auge und den Sinnen fehlte, sie täglich zu beleben und erfreuen, als Ruhmesdenkmal Pinturicchios endlich, der hier die Erfahrungen sammelte, welche er im Appartamento Borgia verwertete, ist der Palast des Domenico della Rovere längst vom Erdboden verschwunden.

---

[1]) Stet domus haec, donec fluctus formica marinos Ebibat et totum testudo perambulet orbem.

V.

Die Arbeiten für den kunstsinnigen Nepoten Sixtus' IV. scheinen dem umbrischen Meister, der fast gleichzeitig auch in Santa Maria del Popolo mit Malereien geringeren Umfanges beschäftigt war, bis gegen das Ende der Regierungszeit Innocenz' VIII. vollauf zu schaffen gemacht zu haben. Da starb der Papst im Juli 1492, und Rodrigo Borgia wurde am 26. August mit unerhörter Pracht als Alexander VI. gekrönt. Eine der ersten Sorgen des neuen Papstes, der schon als Kardinal einen der glänzendsten Paläste Roms — heute Palazzo Sforza-Cesarini — bewohnt hatte, richtete sich sofort auf Wiederherstellung und Ausbau des von Nicolaus V. angelegten Flügels des Vatikans, dessen Front sich nach dem Garten des von Innocenz VIII. angelegten Belvedere öffnete.

Dank der Angaben der päpstlichen Ceremonienmeister, vor allem des gewissenhaften Burchard, können wir uns noch heute eine

Abb. 31. Detail aus der Auferstehung Christi. Rom. Appartamento Borgia.
(Nach einer Originalphotographie von Anderson in Rom.)

klare Vorstellung machen von der Dis-
position der Gemächer im alten Papstpalast
zur Zeit Alexanders VI. Während Cesare
Borgia, des Papstes fürchterlicher Sohn,
die oberen Gemächer bewohnte, welche später

einer ganzen Reihe glänzend ausgestatteter
Zimmer und Säle im Halbkreis umschlossen.
Quer vor der Sixtinischen Kapelle liegt
die Sala regia, die ihren Namen vom
Empfang der königlichen und kaiserlichen

Abb. 35. Himmelfahrt Marias. Rom. Appartamento Borgia.
(Nach einer Originalphotographie von Anderson in Rom.)

als Stanzen Raffaels weltberühmt geworden
sind, bestimmte Alexander das untere be-
quemer gelegene Stockwerk für seinen persönlichen Gebrauch. Diese Räume, welche
sich über der alten Pinakothek Sixtus' IV.
erstrecken, liegen auf gleichem Niveau mit
der Sixtinischen Kapelle und werden von

Gesandten herleitet, es folgt die Sala ducale,
wo der Papst den fürstlichen Botschaftern
Gehör erteilte, und daran schließen sich an
den unteren Loggien entlang laufend die
Zimmer der Paramente, des Pavagallo und
der Udienza an. Auch diese Gemächer
waren noch für mehr oder minder öffent-

liche Staatsaktionen bestimmt; im Saal der Paramente nahmen die Kardinäle in der Regel die kirchlichen Gewänder, welche der Papst in der Camera del Papagallo empfing, wo auch die goldene Rose geweiht wurde und wo man endlich Alexander VI. selbst und seine Vorgänger und Nachfolger auf die Prunkbahre legte, bevor man ihre Leichen nach Sankt Peter hinübertrug. Die kleine Camera dell' Udienza endlich, welche wie die goldene Fassung, welche den Edelstein umschließt.

Pinturicchio befand sich seit mehr als einem Monat in Orvieto, als Innocenz VIII. starb. Er hatte schon im Juni 1492 mit den Domvorstehern einen Kontrakt abgeschlossen, der ihn verpflichtete, für den Lohn von hundert Dukaten zwei Evangelisten und zwei Doktoren der Kirche an der rechten Chorwand rings um die Fensterrose zu

Abb. 36. Saal der Heiligenleben. Rom. Appartamento Borgia.
(Nach einer Originalphotographie von Anderson in Rom.)

mit dem Saal der Päpste in direkter Verbindung stand, diente dem Papste zu geheimen Beratungen mit fürstlichen Gästen und vertrauten Kardinälen. Als Gesamtheit geben sich alle diese Räume, durch die der Nachfolger Petri mit seinem Hofstaat den Weg zu nehmen pflegte, wenn er sich in feierlicher Prozession zur Sixtina begab, als Vorhof des Heiligtums zu erkennen, jener geheimen Gemächer des Papstes, in welche keine profanes Auge dringen durfte. Sie erscheinen noch heute in ihrer prächtigen Barockdekoration mit den reichen Gobelins an den Wänden malen. Im November waren die beiden Evangelisten vollendet, aber dann nahmen die Arbeiten wahrscheinlich wegen Geldmangels keinen Fortgang mehr. Pinturicchio wenigstens machte die Domvorsteher selbst für den entstehenden Schaden verantwortlich und machte sich auf den Weg nach Rom, vielleicht inzwischen vom Papst herbeigerufen, dem er sich durch seine Dekorationsmalereien im Belvedere, im heute zerstörten Flügel Innocenz VIII., der auf den Hof von Sankt Peter ging, und in den Palästen der beiden Roverekardinäle aufs beste für das große

Unternehmen im Palast Nicolaus' V. empfohlen haben mußte.

In der That besitzen wir ein Breve Alexanders, vom 29. März 1493 datiert, in welchem er die Bürger von Orvieto ersucht, sich mit der Fertigstellung ihrer Malereien im Dom zu gedulden, da der „dilectus filius Bernardinus" eben beschäftigt sei, in seinem Palast einige Fresken zu malen, deren

Das große Unternehmen, die päpstlichen Privatgemächer auszumalen, welches Pinturicchio also im Dezember 1492 begann, wird er wahrscheinlich im Laufe des Jahres 1495 vollendet haben, und die an der Decke der Torre Borgia mehrmals wiederkehrende Inschrift 1494 bezieht sich allem Anschein nach nicht auf das Ende, sondern auf den Beginn der Malereien hier.

Abb. 37. Deckendekoration im Saal der Heiligenleben. Rom. Appartamento Borgia.
(Nach einer Originalphotographie von Anderson in Rom.)

Vollendung aber in wenig Tagen zu erwarten stünde.

Pinturicchio mußte, im Dezember nach Rom zurückgekehrt, allerdings unverzüglich in die Dienste des neuen Papstes getreten sein, wenn er schon im nächsten Frühjahr einige Fresken vollendet haben sollte. Die Orvietaner aber haben auf die Rückkehr ihres Künstlers länger als „einige Tage" warten müssen, denn erst vom 15. März 1496 waren sie in der Lage, einen neuen Kontrakt mit ihm zu schließen, der sich auf die beiden noch fehlenden Doktoren ihrer Chormalereien bezog.

Erscheint doch auch dann noch ein Zeitraum von weniger als drei Jahren als geringe Frist für die Herstellung eines so umfangreichen Freskencyklus, der sicherlich nur mit Hilfe sehr vieler und sehr fleißiger Schülerhände in so kurzer Zeit beendet werden konnte. Überdies datiert das Reskript des Kardinalcamerlengo Raffael della Rovere, das dem Meister den Preis für seine Mühen bestimmte, erst vom 1. Dezember 1495. Pinturicchio erhielt damals auf 29 Jahre zwei kleine Güter in Umbrien gegen einen jährlichen Zins von dreißig Körben Korn

in Pacht, eine Abgabe, der er sich bald zu
entziehen suchte und von der ihn in der
That der Papst auch in Berücksichtigung der
Dienste, welche der Künstler inzwischen durch
Wandmalereien in der Engelsburg geleistet

Architekten, welcher dem Meister Bernardino
zur Seite stand, über die Schüler, welche
ihm zur Hand gingen, über den Anfang
der Arbeit und ihr allmähliches Wachsen im
Geist des Künstlers, über die Gesichtspunkte

Abb. 38. Besuch des heiligen Antonius bei Paulus Eremita. Rom. Appartamento Borgia.
(Nach einer Originalphotographie von Anderson in Rom.

hatte, unter dem 16. Mai 1498 endgültig
befreite. Damit ist das wenige Thatsäch-
liche erschöpft, was wir über die Entstehungsgeschichte der Fresken im Appartamento
Borgia wissen, die heute als ein fertiges
Wunder uns entgegenleuchten. Über den

endlich, welche für die Auswahl der einzelnen
Scenen maßgebend waren, ist uns aus schrift-
licher Überlieferung nichts bekannt. Wir
müssen die Fresken selber um ihre Geschichte
fragen, können nur an ihnen allein die
Hand von Meister und Schüler unterscheiden

lernen und müssen uns mit der Beobachtung begnügen, daß der Papst in den Wandbildern seiner Privatgemächer ungefähr dieselben Gedankenkreise und Ideen zum Ausdruck gebracht wissen wollte, die das ganze Quattrocento beherrscht hatten. Das Marienleben und die Heiligengeschichten, die sieben freien Künste und die sieben Planeten, die Propheten und Sibyllen endlich sind bis auf Raffael und Michelangelo die regelmäßig wiederkehrenden Themata für alle zusammenhängenden bildlichen Darstellungen gewesen.

Es ist eine merkwürdige Schickung, daß wir uns noch heute so lebhaft in die Umgebung eines Papstes zurückver-

Abb. 39. Detail aus dem Besuch des heiligen Antonius bei Paulus Eremita. Rom. Appartamento Borgia. (Nach einer Originalphotographie von Anderson in Rom.)

setzen können, dessen Regierungszeit zu den traurigsten Episoden des Papsttums gehört, der überhaupt einer der entsetzlichsten Menschen gewesen ist, die jemals den Herrscherstab geführt haben. Es ist eine eigentümliche Thatsache, daß gerade der fluchbeladene Borgianame, den schon Julius II. so ehrlich gehaßt hat, daß er die Wappen seines Vorgängers in Rom herabschlagen ließ, mehr als die meisten anderen päpstlichen Geschlechtsnamen im Vatikan lebendig geblieben ist. Hat sich doch der Schauplatz ihres glänzenden und verbrecherischen Treibens, ihrer geheimsten Pläne, ihrer kühnsten Entwürfe wie ein lebendiger Zeuge jener Zeit bis auf unsere Tage erhalten. Wir gehen durch dieselben Thüren ein und aus, durch welche sich einst Alexander, Cesare und Lucrezia bewegten, wir schauen aus den-

selben Fensternischen wie sie auf den stillen grasbewachsenen Belvederehof hinab, der einst ein prächtiger Garten war, ja aus den wohlerhaltenen Wandgemälden blicken uns hier und da Porträts entgegen, die wir zu kennen glauben, Bilder jenes starken, schönen und unseligen Geschlechts. Das war Alexander selbst, hier steht Lucrezia, so möchten wir uns Cesare vorstellen und so seinen Bruder, den unglücklichen Herzog von Gandia.

Auch die ehrfurchtgebietende Gestalt Julius' II. begegnet uns in den Wandbildern der Stanzen wie eine Erscheinung von greifbarer Wirklichkeit, aber dort geht die Persönlichkeit selbst eines so bedeutenden Mannes völlig auf in den unaussprechlich großen Ideen, als deren Herold Raffael ihm dienen mußte. Wir fühlen uns nicht mehr in den

Privatgemächern eines einzelnen Mannes, wie hoch er immer stehen mochte, wir fühlen uns in einem Weltenraum, den eines einzelnen Geist nicht mehr erfüllen kann, weil Menschheitsgedanken, Fragen von brennendem Interesse für jeden und für alle hier behandelt und gelöst sind, soweit es der Kunst überhaupt gelingen konnte.

Im Appartamento Borgia dagegen sind es nicht die erhabenen Gedanken in den Gemälden Pinturicchios, welche unseren Geist in so atemlose Spannung versetzen: wir belächeln mitleidig die Naivität der hier zum Ausdruck gebrachten Ideen von Einfluß der Planeten auf das Schicksal der Menschen, von den sieben freien Künsten, in denen sich alles menschliche Wissen verkörpert, und die biblischen und Heiligendarstellungen leuchten uns so alt bekannt und wohlvertraut entgegen. Was ist es nun, das uns so magisch in diese Räume treibt? Gemeine Neugierde, welche hofft, aus den Wandgemälden vielleicht interessante Aufschlüsse über das skandalöse Privatleben der Borgia zu erhalten, Kunstenthusiasmus, welcher sich aus diesen Fresken neue Offenbarungen über Pinturicchio und die umbrische Schule verspricht, der Reiz der Neuheit und das große Aufsehen, welches die eben restaurierten und dem Publikum wieder zugänglich gemachten Räume durch ihre glänzenden Wand- und Deckendekorationen erregten? Gewiß nicht alles dies allein.

Es liegt in der Tiefe der Menschenbrust ein geheimnisvolles Mitgefühl, ein unausgesprochenes Verständnis für die großen Verbrechen verborgen, welche in der Sinnlichkeit, dem Ehrgeiz und dem nie gestillten Sehnen nach dem höchsten Glanz des Lebens ihre Triebfeder haben. Hier also stürzten die Menschen wirklich in den gähnenden Abgrund hinab, der uns selber so oft zu verschlingen drohte, hier also wurden wirklich alle die Greuel zur That, die wir selber nicht gethan, weil uns ein gnädiges Geschick bewahrte, und die doch so alt sind wie diese Erde selbst. Nicht jenen zahllosen Halbnaturen gehört unser Interesse, welche ihr Lebenlang das Gute wollen und das Böse thun, es wendet sich vielmehr jenen starken Menschen zu, die für Gut oder Böse mit ihrer ganzen Persönlichkeit eingetreten sind. Wir segnen das Andenken der Gerechten, welche die Menschheit mit den Schätzen ihres Geistes und ihres Herzens bereichert haben, aber auch Männer wie einzelne Typen römischer Cäsaren, wie Shakespearesche Gestalten

Abb. 10. Kopf des heiligen Antonius. Rom. Appartamento Borgia.

Abb. 11. Die Heimsuchung Marias. Rom. Appartamento Borgia.
(Nach einer Originalphotographie von Anderson in Rom.)

Macbeth und Richard III., wie Alexander VI. und Cesare Borgia erregen unsere Teilnahme im höchsten Maße. Und treten wir in die Borgiagemächer ein, so werden wir im Innersten erregt durch das Bewußtsein, hier lebten Menschen, die das Böse thaten, weil es böse war, und sich nicht einmal mehr die Mühe gaben, vor der Welt die Maske zu bewahren.

Wunderbare Zeit! Merkwürdige Menschen! Jener viel gehaßte und verfluchte Mann, dem kaum noch eins jener Gesetze heilig war, welche die menschliche Gesellschaft zu-

sammenhalten, er nannte sich Christi Nachfolger auf Erden, er kniet, von Pinturicchio meisterhaft gemalt, in den heiligen Gewändern der höchsten kirchlichen Würde mit betend erhobenen Händen vor dem auferstehenden Erlöser (Abb. 24), und über ihm hält ein Prophet das Spruchband mit der Inschrift, welche uns heute wie ein Ruf zum Gericht erscheint: Expecto in die resurrectionis meae — ich warte auf den Tag meiner Auferstehung!

Wer heute das Appartamento Borgia besucht, tritt zunächst aus den unteren Loggien,

Abb. 12. Detail aus der Heimsuchung Marias. Rom. Appartamento Borgia.
(Nach einer Originalphotographie von Anderson in Rom.)

die den Damasushof umschließen, in den Saal der Päpste ein, mit welchem einst die Reihe der Privatgemächer Alexanders VI. begann. Im Jubiläumsjahre 1500 schon stürzte hier während eines Gewittersturmes die Balkendecke ein, den Papst selber unter den Trümmern begrabend, der wie durch ein Wunder lebend aus dem Schutt hervorgezogen wurde. Damals muß die ältere Dekoration des Saales zu Grunde gegangen

sein, aber erst Leo X. ließ die neue flach gewölbte Decke von Giovanni da Udine und Perino del Vaga mit den zierlichen Grotesken und Stuckarbeiten schmücken, die wir noch heute sehen. Pinturicchio hat hier wahrscheinlich nie gemalt, vielmehr sein Werk erst in den folgenden Gemächern begonnen, zu denen sich eine schmale Marmorpforte öffnet, welche noch mit dem Wappen Nicolaus' V., den gekreuzten Schlüsseln, geschmückt ist.

Auch die bauliche Anlage dieser drei Räume, an welche sich unmittelbar die nach Norden vorspringende Torre Borgia anschließt, ist sehr eigenartig und bezeichnend für die Palastarchitektur jener Tage. Nur ein einziges nach Norden auf den Belvederehof sich öffnendes Fenster erhellt jeden der gleich großen, hoch gewölbten Räume, welche auffallend schmale, in gerader Linie fortlaufende, von reichem Marmorrahmen eingefaßte Thüröffnungen untereinander verbinden.

Schräg den Fenstern gegenüber an der Südmauer befand sich in jedem dieser Zimmer ein Kamin, die von sehr starken Mauern eingeschlossenen, im Sommer herrlich kühlen, im Winter eisig kalten Räume zu erwärmen, in welche niemals ein Strahl der Sonne dringt. Merkwürdigerweise laufen die Wände niemals parallel, und

Abb. 13. Detail aus der Heimsuchung Marias. Rom. Appartamento Borgia.
(Nach einer Originalphotographie von Anderson in Rom.)

Abb. 11. Das Martyrium des heiligen Sebastian. Rom. Appartamento Borgia.
(Nach einer Originalphotographie von Anderson in Rom.)

nirgends liegen die buntfarbigen Majolika-
fußböden auf gleichem Niveau; vom Saal
der Päpste beginnend bis zum Gemach der
sieben freien Künste schreitet man vielmehr
aus einem Raum in den anderen, eine
Marmorstufe hinab. Dadurch erhält jedes
Zimmer seinen individuellen Charakter, und
ein malerisches Princip in der architektonischen Anlage gibt sich aufs deutlichste zu
erkennen. Sind doch die Räume überdies
nicht einfach gleichwertig nebeneinander angeordnet, sondern zu einer Gruppe aneinander gefügt, indem der mittlere Raum als
Centrum gedacht ist, an welches sich die
Gemächer rechts und links als Flügel an-
lehnen. Solche Absicht gibt sich nicht nur
später an der reichen Deckengliederung und
dem prunkvollen Marmorarchitrav zu erkennen, der unter den Lünetten der Wölbung entlang läuft, sondern schon früher an
den vorspringenden Pilastern, durch welche
im Mittelraum allein die Teilung der Decke
in ein Zwillingsgewölbe auch an den Wänden angedeutet ist.

Was in der Architektur vorgebildet war,
hat dann Pinturicchio durch die Malerei
zum vollendeten Ausdruck gebracht. Der
Saal der Heiligenleben, der mittlere der

drei, ist die Glanzleistung aller seiner Arbeiten im Appartamento Borgia, hier hat
er die meisten Fresken eigenhändig ausgeführt, hier hat er das umfangreichste
Bild der ganzen Reihe, die Disputation
der heiligen Caterina, gemalt, hier auf
Komposition und malerische Durchführung
im einzelnen die größte Sorgfalt verwandt.
Die Malereien in den Sälen des Marienlebens und der sieben freien Künste und
mehr noch in der Torre Borgia treten
gegen diese Fresken weit in den Hintergrund
zurück, und wir können uns den Verlauf
des ganzen Unternehmens sehr wohl so vorstellen, daß der Meister sofort im Saal der
sieben freien Künste die Gerüste aufschlagen
ließ und gleichzeitig selber die Arbeit im
Saal der Heiligenleben begann, von vornherein entschlossen, die übrigen Gemächer
bis auf wenige Hauptsachen erprobten
Schülern anzuvertrauen, nachdem er ihnen
die Entwürfe an die Hand gegeben.[1])
Pinturicchio begriff sofort, um was es sich
handelte, als ihm der glänzende Auftrag

---

[1]) Es wird später zu erörtern sein, warum
die Arbeiten im Appartamento Borgia im Saal
der sieben freien Künste ihren Anfang nahmen.

des Papstes zu teil wurde, welcher bereits
mehr als 60 Jahre zählte. Wurde ihm einer-
seits die größte Schnelligkeit zur Pflicht ge-

Schein galt ihnen mehr bei einem Kunst-
werk als sein innerer Wert.

Tritt man aus dem Saal der Päpste

Abb. 15. Detail aus dem Martyrium des heiligen Sebastian. Rom. Appartomento Borgia.
(Nach einer Originalphotographie von Anderson in Rom.)

macht, so mochten es andererseits seine Auftraggeber gern gestatten, wenn der Künstler
eine ganze Gehilfenschar um sich versammelte.
Die Borgia waren keine Mäcene im Sinne
der Rovere oder der Medici; der glänzende

in das Zimmer des Marienlebens oder, wie
man es neuerdings genannt hat, der Mysterien ein, so meint man allerdings, hier
könne niemand anders als Pinturicchio
selber thätig gewesen sein. So sehr ent-

zückt das Auge die wundervolle Wirkung des Ganzen, die goldene Stuckornamentik auf dunkelblauem Grunde an der Decke, die einheitliche Farbenstimmung und die liebenswürdige Vortragsweise der biblischen Darstellungen, die Pracht und Anmut der Wanddekoration, wo sich die goldenen Arabesken in zahllosen Mustern über die blaßgrünen Flächen hinziehen. Wo anders als in der Phantasie des Meisters selbst kann

liches geleistet? Es ist gewiß nicht nur der massenhafte, wahrscheinlich durch den prunkliebenden Geschmack des Bestellers selbst bedingte Verbrauch des Goldes, der hier als etwas Niegesehenes in die Augen fällt; die Grundelemente der Ornamentik selbst beginnen sich zu erneuern. Stuckrahmen und Stuckverzierungen werden zum erstenmal zur Gliederung der Flächen angewandt; im leichten Spiel willkürlich geführter Linien er-

Abb. 46. Detail aus dem Martyrium des heiligen Sebastian. Rom. Appartamento Borgia.

das Gesamtbild einer solchen Schöpfung entstanden sein, die überall das geschulte Auge und die geübte Hand verrät? Es hieße in der That Pinturicchio schweres Unrecht thun, wollte man ihm eine Leistung absprechen, in der auf einmal völlig neue Gesichtspunkte für rein ornamentalen Wand und Gewölbeschmuck aufgestellt werden. Was gäbe es denn im ganzen Quattrocento, das sich in der Gesamtwirkung den Malereien im Appartamento Borgia an die Seite stellen ließe, wo hätte Pinturicchio selbst im Palazzo Colonna oder im Palast der Penitenzieri etwas Ähn-

kennen wir den Bruch mit ehrwürdigen Traditionen, in der Art, wie prächtige Stiere — das der Borgia Kraft, Sinnlichkeit und Tücke treffend charakterisierende Wappentier — zu zweien gruppiert und schön stilisiert in das Dekorationssystem eingeführt worden sind, gibt sich der Beginn einer völlig veränderten Geschmacksrichtung kund.

Antike Wandmalereien waren aus der Erde wieder aus Tageslicht gekommen, und ihre Schönheit hatte alle Künstler Roms begeistert, die ihre Tage in den unterirdischen Grotten verbrachten, um dort zu zeichnen und zu messen. Auch Pinturicchio konnte den Lockungen der Antike nicht widerstehen! Im Appartamento Borgia begrüßen wir den anfangs schüchternen, später kühner werdenden Versuch, die Groteske in die moderne Wandmalerei einzuführen, ein Unternehmen, welches dem Meister so gut gelang und ihm so viel Anerkennung eingetragen haben muß, daß er sich in seinen späteren Schöpfungen mit Vorliebe in Grotesken erging oder mit ihnen die vertrauten Elemente der älteren gesetzmäßigeren Dekorationsmalerei zu einem form- und farbenreichen Ganzen zu verbinden suchte. Den erfolgreichen Kampf der mutwilligen Groteske mit der schwerfälligen Ornamentik des Quattrocento können wir im Appartamento Borgia deutlich verfolgen, ihren vollständigen Sieg begrüßen wir dann endlich in den Loggien Raffaels.

Gebührt also Pinturicchio ohne allen Zweifel der Ruhm, den Gesamtentwurf im Zimmer der Mysterien wie in jedem anderen der folgenden Gemächer selbst erdacht und ins Werk gesetzt zu haben, so überließ er ebenso sicher die Detailausführung einer uns heute leider unbekannten Schülerhand. Zu den Ornamenten wiederholen sich mit großer Regelmäßigkeit an Wand und Decke dieselben Motive, die Vorlage eines einzigen Stierpaares konnte genügen, um sie alle nachzuzeichnen, aus einem einmal begonnenen Arabeskenmuster ergab sich die Fortsetzung von selbst. Und doch ist diese Gedankenarmut durch einen überaus glänzenden Schein so geschickt verborgen, daß das Auge sich nicht satt sehen kann an all' der fun-

kelnden Pracht, und jede Kritik verstummt. Derselbe Schüler, welcher oben an der Decke die Brustbilder der Propheten malte (Abb. 25), deren auf ein Spruchband geschriebene Weissagungen sich jedesmal auf die Darstellung in der entsprechenden Lunette beziehen, hat auch die Mysterien ausgeführt.

Bei der vorwiegend dekorativen Wirkung, welche er erzielen wollte, mußte dem Meister daran liegen, einen glücklichen Gesamtton zu treffen, das Auge nicht durch die Mannigfaltigkeit viel bewegter Darstellungen zur Prüfung aller Einzelheiten einzuladen, sondern den Beschauer vielmehr in ruhig genießende Stimmung zu versetzen. Daher die Leidenschaftslosigkeit der Schilderung, die fast monotone Wiederholung der einzelnen Typen, die vollständige Gleichartigkeit der landschaftlichen Hintergründe in allen sechs Landschaftsbildern, daher vor allem auch das Vorherrschen

Abb. 17. Detail aus dem Martyrium des heiligen Sebastian. Rom. Appartamento Borgia.

4*

Abb. 18. Die heilige Susanna. Rom. Appartamento Borgia.
(Nach einer Originalphotographie von Anderson in Rom.)

einer einzigen Künstlerhand, neben welcher man sich nur noch Farbenreiber und Handlanger thätig denken kann. In der That haben wir Verkündigung (Abb. 26), Geburt des Kindes (Abb. 27 und 28), Anbetung der Könige (Abb. 29) und Ausgießung des heiligen Geistes (Abb. 30) ganz als Leistungen eines erfahrenen Schülers Pinturicchios anzusehen, dessen etwas trockene, klanglose Weise sich zu äußern auch in der Himmelfahrt Christi über dem Fenster nur durch eine spätere Übermalung getrübt wird. [1]

Einer solchen ist auch der Christus in der Auferstehung zum Opfer gefallen (Abb. 32), dessen flammende Mandorla aber noch Pinturicchios echte Engelsköpfchen umkränzen.

[1] Die Hand desselben Schülers Pinturicchios verrät ein Madonnenbild im Louvre mit Johannes dem Täufer und dem heiligen Gregor (Abb. 31).

Abb. 49. Die Flucht der heiligen Barbara. Rom. Appartamento Borgia.
(Nach einer Originalphotographie von Anderson in Rom.)

In diesem merkwürdigſten Fresko der ganzen
Reihe, das ſich links von der Fenſterwand
faſt immer in einem ausgezeichneten Lichte
präſentiert, hat der Meiſter die Figuren in
die bergzerklüftete, mit goldenen Knöpfen
ſchattierte Landſchaft ſeines Schülers hinein-
gemalt. Wer bemerkte nicht ſofort den
Unterſchied zwiſchen ſeinen eigenen un-
gelenkigen Gliederpuppen und den von
friſchem, vollem Leben getragenen Geſtalten
Pinturicchios? Überdies unterſcheidet ſich
der Lehrer ſchon durch ſeine ſolidere Art,

in naſſem Fresko zu malen, von der ober-
flächlichen Weiſe des Gehilfen, in deſſen
arg zerſtörten Gemälden man noch heute
deutlich erkennen kann, wie er die Zeichnung flüchtig in die Mauer einritzte und
dann die ganze Fläche al secco, d. h. auf
der trockenen Wand übermalte.

In ruhiger Würde, die hohe Geſtalt
ganz umfloſſen von dem faltenreichen, mit
funkelndem Geſtein und Goldſtickerei ge-
ſchmückten Pluviale, kniet hier entblößten
Hauptes Alexander ſelbſt vor dem Auf-

erstandenen, die verlängezierte Tiara mit den drei goldenen Reifen zu seinen Füßen. Keine Miene regt sich in dem scharfen Profilkopf mit der weit vorspringenden Adlernase, dem leichten Doppelkinn und dem kalten klaren Blick des emporgerichteten Auges (Abb. 33). Eine feine, lebendige Charakteristik vermissen wir in diesem strengen Quattrocentoporträt, für welches Peruginos heute zerstörte Darstellung Sixtus' IV. an der Altarwand der Sistina sicherlich als Vorbild gedient hat; und doch lesen wir in den scharf geschnittenen Zügen deutlich große Klugheit und Willensstärke und die Neigung zu sinnlichem Genuß.

Den drei jugendlichen Grabhütern hat die Vision kein sonderliches Grauen verursacht, ja der vorderste schlummert ruhig weiter (Abb. 34), und nur der äußerste rechts läßt einen leisen Schreckenslaut vernehmen. Beide sind ideale Schöpfungen wie der hinter dem Sarkophag sichtbar werdende von Melozzo da Forli beeinflußte Kopf; nur der junge Ritter, welcher sich knieend auf eine mächtige Hellebarde stützt und mit seitwärts gewandtem Blick aus dem Fresko heraussieht, ist zweifelsohne eine Porträtgestalt. Wer aber hätte es wagen dürfen, sich dem Papst gerade gegenüber in unverkennbarer Wechselbeziehung in einem seiner Privatgemächer malen zu lassen, wenn nicht einer seiner Söhne? Cesare war im Jahre 1475 geboren und wurde im September 1493 zum Kardinal ernannt; aber von jeher war er dem geistlichen Stande abgeneigt und liebte es mehr, von den Römern seine ritterliche Kraft und Gewandtheit bewundern zu lassen, als sich ihnen in den Achtung gebietenden Gewändern eines kirchlichen Würdenträgers zu zeigen. Er selbst und niemand anders kann dieser etwa achtzehnjährige Jüngling sein; trägt er doch überdies in der roten, mit goldenen Knöpfen übersäten Kriegsjacke und den blauen Beinkleidern die Wappenfarben der Borgia zur Schau. Werden wir einen Borgia, etwa den päpstlichen Geheimkämmerer Francesco, auch in der herrlichen Porträtgestalt erkennen müssen, welche in der Himmelfahrt Marias (Abb. 35) dem den Gürtel der Jungfrau tragenden Thomas gerade gegenüberkniet? Jedenfalls gehört dieser würdige Prälat, wie der Apostel in fleißigstem Fresko ausgeführt, zu den eigenhändigen Arbeiten Pinturicchios, wie diese Assunta überhaupt durch die Klarheit der Komposition und die ruhige Seelandschaft im Hintergrunde den Beschauer besonders zu fesseln weiß.

Durch eine enge Marmorpforte, in

Abb. 30. Detail aus der Flucht der heiligen Barbara. Rom. Appartamento Borgia.
(Nach einer Originalphotographie von Anderson in Rom.)

Abb. 31. Die Disputation der heiligen Caterina. Rom. Appartamento Borgia. (Nach einer Originalphotographie von Anderson in Rom.)

deren Tympanon zwei Putten das Wappen
der Borgia emporhalten, treten wir in den
Saal der Heiligenleben ein (Abb. 36). Wäre

und im einzelnen tiefer auf ihn wirken, als
alles, was unsere Zeit jemals in der Aus-
stattung von Prunkgemächern geleistet hat.

Abb. 52. Die Gruppe der Weisen in der Disputation der heiligen Caterina. Rom. Appartamento Borgia.

das Auge des modernen Menschen weniger
übersättigt, wäre sein Geschmack geläuterter
und wäre es überhaupt leichter, die wahre
Schönheit von der falschen zu unterscheiden,
so müßten diese Gemälde als Gesamtheit

Und doch ist der weite Raum heute leer
und die sogenannte Spalliera Sixtus' IV.,
welche an der Wand entlang läuft, bleibt
nur ein armseliger Ersatz für die kost-
baren Möbel und Geräte, für die Teppiche

auf dem Boden und
die Gobelins an den
Wänden, welche in
den Tagen Alexan-
ders das Apparta-
mento Borgia wohn-
lich machten. Durch
das weit geöffnete
Fenster dringt ein
Strom von Licht
herein, und man
hört das ruhevolle
Rauschen der mäch-
tigen Fontäne aus
dem sonnenbeschie-
nenen Belvedere-
hof heraufdringen.
Sonst ist es ganz
still in den kühlen
luftigen Räumen,
und nur der Name
Borgia tönt uns
laut und immer
lauter von der Decke,
von den Wänden
entgegen. Wir mei-
nen einem Märchen
zu lauschen, das uns
von dem Glanz je-
ner Tage erzählt,
wir schlagen die
Augen auf und sehen
auf einmal alle die
prächtigen Gestalten

Abb. 34. Die heilige Caterina. Rom. Appartamento Borgia
(Nach einer Originalphotographie von Anderson in Rom.)

vom Hofe Alexanders vor uns, welche der
Pinsel des umbrischen Meisters unsterblich
gemacht hat.

Seltsame Überraschung! Wie stark und
lebenskräftig mußte die Wurzel sein, aus
welcher die Kunst des Quattrocento hervor-
wuchs, wenn sie, von dem sittlichen Verfall
um sie her völlig unberührt, den schimmern-
den Schein und den unendlichen Formen-
und Farbenreichtum, den jene üppige Kultur
fast unbewußt entwickelte, wie in einem
Spiegel festzuhalten wußte!

Die Schmeicheleien eines Hofpoeten, dem
es in einer glücklich inspirierten Stunde
gelungen war, durch einen alten Mythus
die göttliche Abkunft des Borgiastieres zu erhärten, gaben den Stoff für die originellsten
Darstellungen am Zwillingsgewölbe der
Decke (Abb. 37), das durch breite, mit
Stuckarabesken verzierte Kappen gegliedert ist.

Die Wohlthaten des Osiris um Ägypten
werden mit unverkennbarer Anspielung auf
das Borgiageschlecht ausführlich in den Zwit-
teln geschildert. Wir sehen den jugendlichen
König, wie er, auf grotestem Throne sitzend,
die Ägypter pflügen lehrt, wie er sie leutselig im
Weinbau unterrichtet und wie er ihnen mit
majestätischer Handbewegung die weniger geheimnisvolle Kunst offenbart, die Äpfel von den
Bäumen zu pflücken: Legere poma ab arboribus
docuit! Dann sehen wir das reizende sposalizio
mit der jungfräulichen Isis, dem beglückten
Lande die Mutter und den Erben zu geben.
Aber der neidvolle Bruder mißgönnt den
Ägyptern und ihrem Könige so friedliche Freu-
den, und Osiris wird grausam von Typhon
ermordet. Laut wehklagend sammelt nun Isis
des Gatten zerstreute Gebeine und birgt sie
in köstlicher, mit Gold und Edelsteinen verzierter Grabpyramide, welcher die Ägypter

sofort göttliche Ehren zugestehen. Da geschieht ein Wunder! Ein schneeweißer Stier schreitet auf einmal langsam hinter der Pyramide hervor dem anbetenden Volke entgegen, das ihn sofort auf den Altar erhebt und, ihn jauchzend unter monumentalem Baldachin dahintragend, den Kultus des Apis der Welt verkündet.

Zum erstenmal begegnet uns in dieser Deckendekoration die Hand eines zweiten Gehilfen Pinturicchios, der auch die achteckigen Medaillons an dem breiten Gurt gemalt haben muß, welcher die beiden Gewölbe trennt. Auch hier fehlt es nicht an Huldigungen für das Papstgeschlecht, und zwar hat diesmal die von Juno in eine Kuh verwandelte Jo den Stoff für die anmutigen Schilderungen geboten, unter denen

Abb. 54. Gruppe aus der Disputation der heiligen Caterina Rom. Appartamento Borgia.
(Nach einer Originalphotographie von Anderson in Rom.)

besonders die Scene, wo Hermes durch sein
Spiel den hundertäugigen Argos einzu-
schläfern sucht, durch eine ganz reizende
Naivetät erfreut.

Lassen sich die Darstellungen an der
Decke also, welche sich von dem tiefblauen
mit zarten Goldarabesken verzierten Grunde
sehr wirkungsvoll abheben, alle in einen,
wenn auch etwas gezwungenen Zusammenhang mit dem Geschlecht des Papstes bringen,
so würde man in den herrlichen Lunetten-
fresken nach leitenden Gesichtspunkten oder
inneren Beziehungen der Gemälde zu einander vergebens suchen. Ganz zusammen-
hangslos sind hier einzelne Scenen aus
den Heiligenleben bunt aneinander gereiht
und dazwischen Schilderungen aus dem Alten
und Neuen Testament willkürlich eingeschoben.
Die Heiligen Caterina und Sebastian allerdings gehören unter die vornehmsten römischen Märtyrer, und
ihnen mochte immer-
hin mit Recht ein
ganzes Bogenfeld
über dem Fenster
und der Fensterwand
gegenüber zugestan-
den werden, aber für
die Bevorzugung der
heiligen Barbara, der
heiligen Antonius
und Paulus Eremita,
für die Schilderung
der Heimsuchung und
vollends der heiligen
Susanna wird man
heute schwerlich noch
den Grund erfahren.

Vielleicht hat
Pinturicchio mit der
Schilderung des Be-
suches des heiligen
Antonius beim Pau-
lus Eremita in der
Wüste Thebais sein
Werk begonnen (Abb.
38); wenigstens hat
er sich bei keinem
der übrigen Fresken
so viel Zeit genom-
men wie hier, wo er
einmal gezeigt hat,
was er leisten konnte,
wenn er wollte. Die

Wüste ist in seiner Phantasie zum Paradies
geworden, das der Frühling mit tausend
Blumen schmückte; selbst über der hoch
getürmten Felswohnung des Einsiedlers gedeihen die jungen Bäume, sprießen die
Gräser und zartes Laubwerk aus allen
Spalten hervor. Der pflichtgetreue Rabe
fliegt eben davon, nachdem er die doppelte
Brotration für den Einsiedler und seinen
Gast gebracht hat, ein Weizenbrot von gleicher
Form und Größe, wie man es uns noch
heute täglich in Italien bietet. Jeder der
beiden weißbärtigen Alten schlug die Ehre
des Brotbrechens aus; so vereinigten sie
sich am Ende, es halb zu zerschneiden, damit ein jeder gleichzeitig seine Hälfte abbrechen könnte. Rechts warten in de-
mütiger Haltung die Begleiter des heiligen Antonius, welche den Hunger nicht
zu fühlen scheinen, links nahen sich

Abb. 55. Der Despot von Morea. Rom, Appartamento Borgia.
(Nach einer Originalphotographie von Anderson in Rom.

Abb. 56. Ein vornehmer Türke. Rom. Appartamento Borgia.

der einzelnen Personen, des hageren Paulus z. B. im selbstverfertigten Binsenkleide und des behäbigen Antonius in seiner kleidsamen Ordenstracht.

Auch der Besuch Marias bei Elisabeth (Abb. 41), der eigentlich schon in das erste Gemach gehört, wo das Marienleben ausführlich geschildert war, ist mit bezaubernder Anmut dargestellt, der ruhig erzählende Legendenton ist einfach fortgeführt. Allerdings gibt sich schon hier in der etwas trüben landschaftlichen Scenerie, in den Gruppen im Mittelgrunde rechts, und links in dem mit schwerem goldenen Stuck verzierten Hallenbau die Hilfe von Schülern zu erkennen, und die Komposition hat sich aufgelöst und zerfällt in anziehende Einzelheiten.

eiligen Schrittes drei reizende weibliche Dämonen (Abb. 39), welche die Phantasie des Künstlers allein mit diesem frommen Mahl in Verbindung brachte. Die verführerischen Wesen haben nichts Teuflisches in ihren Mienen und Gebärden, aber die Hörnchen am Kopf, die Fledermausflügel und die Geierkrallen statt der Füße verraten ihre bösen Absichten, von denen auch der würdige Heilige (Abb. 40), den schon seine grauen Haare vor solchen Versuchungen schützen müßten, noch nichts ahnt. Keine Nebenschilderungen in kleineren Verhältnissen stören die Einheit der reizvollen Komposition, und das ganze Gemälde, selbst die Landschaft im Hintergrunde ist von Pinturicchio mit gleichmäßiger Sorgfalt ausgeführt. Wir wissen in der That nicht, was uns mehr erfreut, die tief empfundene Naturschilderung oder die unbewußte Naivität in der Art, sich auszudrücken, oder die feine Charakteristik

heiten. Aber wie beredt spricht der forschende Blick der würdigen Elisabeth, welche Maria umfaßt und doch nicht an die Brust zu drücken wagt, wie keusch und zart äußert sich das Geständnis der Gottesmutter in der demütigen Miene und den schüchtern gesenkten Augen (Abb. 42)! Ruhig wartend steht der graubärtige Joseph da, in Reisekleidern, die Pilgerflasche an der Seite, die Hände auf den mächtigen Knotenstock gestützt, während Zacharias, der von dem Besuch augenscheinlich noch nichts erfahren hat, in ein heiliges Buch vertieft, wandelnd unter den hohen Arkadenbögen erscheint. Reizende Züge aus dem intimen häuslichen Leben begleiten den Hauptvorgang, dem zwei Frauen von der Höhe der Terrasse mit gespannter Aufmerksamkeit zuschauen. Von links kommt eiligen Schrittes eine Frau mit dem Fruchtkorb auf dem Kopf herbei, ein Putto vor sich hertreibend, das

glückselig einen Vogel in den Armen trägt
— ein Motiv, das ohne Zweifel einer
ähnlichen Gruppe Botticellis in der Sistina
nachgebildet ist — rechts unter der mit
reichem Groteskenwerk verzierten Halle
sitzen die fleißigen Dienerinnen spinnend
und nähend bei einander, und ein Knabe
ist eifrig beschäftigt, einem Händchen die
ersten Anstandsregeln einzuprägen (Abb. 43).

In der ruhigen, leidenschaftslosen Schilderung stiller Erdenfreuden war ja die
umbrische Schule von jeher zu Hause; wie
sollte da nicht auch Pinturicchio, wenn er
auf längst betretenen Bahnen fortschritt, ein
Meisterstück gelingen? Weit eindringlicher
bezeugt es am Ende seine originelle Begabung, daß er sich auch der Darstellung
eines so hoch dramatischen Vorganges, wie
es das Martyrium des heiligen Sebastian
ist (Abb. 44), ohne weiteres gewachsen zeigte.
Leider schenkt heute niemand dem herrlichen
Gemälde, welches, sehr ungünstig beleuchtet,
das Bogenfeld über dem Fenster einnimmt,
die Aufmerksamkeit, die es beanspruchen
darf. Vielleicht auch weil das goldene
Stuckwerk gespart ist, dessen Anwendung
übrigens Vasari mit harten Worten geißelte,
tritt dies Fresko an äußerem Schein so
sehr vor den übrigen Gemälden zurück, die
es durch seinen inneren Wert in mehr als
einer Hinsicht überragt. Pinturicchio hat
in der That in den Schützen sowohl wie
in ihrem Opfer ein Stück Seelenmalerei
geleistet, wie ihm früher oder später kaum
etwas Ähnliches gelungen ist.

Gerade über dem Fenster auf hohem
Piedestal an antiker Säule festgebunden, die
sich an altes Gemäuer lehnt, wo Käuzchen
und Uhu ihr Wesen treiben, steht der Heilige, ganz von unbarmherzigen Geschossen
durchbohrt (Abb. 45). Die noch nicht vollständig entwickelten, überdies nur flüchtig
modellierten Körperformen verraten die zarte
Jugend, welche dies Martyrium noch unendlich viel rührender erscheinen läßt. Langsam sickert das Blut aus den Wunden herab,
aber nirgends verrät sich durch krampfhaftes
Zucken der Glieder der furchtbare Schmerz
des Gemarterten. Das lockenumrahmte Haupt,
welches ein goldener Nimbus überschattet, ist
erhoben, aus dem geöffneten Munde tönt
ein leiser Schmerzenslaut, und die Augen
blicken mit unaussprechlichem Ausdruck der
Sehnsucht, der Qual, der dankbaren Bitte

dem Engel entgegen, welcher eilig vom Himmel herniederschwebt, den Streiter Christi
mit der Krone des Lebens zu schmücken.

Tief unter dem Heiligen, der in jener
einsamen Höhe schon mehr dem Himmel
als der Erde anzugehören scheint, sieht man
rechts und links vom Fensterrahmen die
mitleidslosen Schützen, welche unter dem
Kommando eines Türken stehen. Sie ver-
richten ihr Amt mit so freudigem Eifer, als
wäre ihnen der gemarterte Jüngling dort
oben so lieb wie jedes andere Ziel (Abb. 16).
Eben spannt der eine mit aller Kraft den
Bogen, ein zweiter schießt gerade den Pfeil
auf das Opfer ab, ein dritter sucht sich zu
überzeugen, die Hand über die Augen gelegt,
ob er auch wohl getroffen hat. Welch' ein
lebendiger Ausdruck in den Köpfen, welch'
eine Kraft und Frische in der Mannigfaltigkeit ihrer Bewegungen! Solche Scenen
mußte der Künstler selbst gesehen haben, um
sie malen zu können, es sind Erinnerungen
an frohe Schützenfeste, die hier sehr naiv
für das Martyrium Sebastians verwertet
worden sind.

Der Schauplatz der Handlung führt
uns vor die Thore der trümmerreichen
Roma. Am Horizont erscheinen die Mauer-
massen des Kolosseums, und gleich daneben
wird eins jener Architekturmotive sichtbar,
das noch heute den römischen Straßen und
Plätzen ein so eigentümliches Gepräge giebt.
Wir sehen die Trümmer eines antiken Tem-
pels mit modernen Bauten sich verbinden,
und der ganze Häuserkomplex wird von
einem schlanken Campanile überragt. Links
öffnet sich ein Flußthal mit weitem Blick
in die Ferne, aber der Charakter der Landschaft wird durch das ruhig-wellige Terrain
bestimmt, auf dem nur selten ein Baum
und überall hohes Gras und niedriges
Buschwerk gedeiht. Fragen wir, wer zuerst
von allen Künstlern den melancholischen
Zauber der römischen Natur begriffen hat,
so lautet die Antwort Pinturicchio, der hier
die erste Campagnalandschaft im modernen
Sinne gemalt hat, die wir kennen.

Giebt sich im Martyrium des heiligen
Sebastian, z. B. in dem seelenvollen Kopf des
einen Schützen (Abb. 47), ein ziemlich deut-
licher Einfluß Signorellis kund, dem es Pinturicchio wohl hauptsächlich zu verdanken
hat, wenn es ihm einmal gelang, für eine
dramatisch bewegte Handlung einen wirklich

Abb. 57. Jagdzug aus der Disputation der heiligen Caterina. Rom. Appartamento Borgia.
(Nach einer Originalphotographie von Anderson in Rom.)

packenden Ausdruck zu finden, so fällt der Meister im Angriff der heiligen Susanna durch die beiden Ältesten (Abb. 48) in den rein erzählenden, fast idyllischen Ton zurück.

Die für die Privatgemächer eines Alexanders VI. etwas anzüglich erscheinende Scene aus dem Alten Testament geht in einem lustigen, von Rankrosen eingefriedigten Liebesgarten vor sich, wo in der Mitte auf grünem blumenbesäten Plan, ganz aus goldenem Stuckwerk aufgebaut, ein riesiger Brunnen plätschert, vielleicht ein Abbild der zerstörten Fontäne Innocenz' VIII. auf dem Petersplatz. Zahlloses Getier vergnügt sich im Gras, Hirsche und Rehe, Hasen und Kaninchen und selbst ein Affe, der an goldener Kette festgebunden ist. Schon hatte die holde Schönheit Mantel und Schuhe abgelegt, da drangen plötzlich die beiden Alten auf sie ein. Aber noch umhüllt ein faltenreiches hellblaues Gewand ihre schöne Gestalt, und selbst an ihrem Halse funkelt noch das köstliche Geschmeide. So steht sie wehrlos da, dem Ungestüm ihrer Angreifer nichts als die unentweihte Schönheit ihrer jungfräulichen Erscheinung entgegenstellend. Und doch scheint es ihr zu gelingen, durch solchen passiven Widerstand die grauen Sünder einzuschüchtern, in deren Mienen mehr Schrecken und Verwunderung über die eigene Kühnheit, als sinnliche Begierde zu lesen ist. In sehr bewegter Handlung wird im Hintergrunde das Schleppen der Heiligen vor die Richter und die Steinigung der Schuldigen geschildert, aber diese von Schülerhand in kleinsten Verhältnissen ausgeführten Scenen stören den einheitlichen Charakter des Bildes nicht, das eine fels- und baumreiche, von Singvögeln belebte Landschaft im Hintergrunde abschließt.

Rückt man diese Schilderung der heiligen Susanna, die übrigens gegenständlich in der Malerei des Quattrocento ganz vereinzelt dasteht, in das Licht jener sittenlosen Zeit, so begreift man sofort, warum die Künstler damals trotz alledem so Großes geleistet haben. Michelangelo hat noch 50 Jahre später der Kunst „der gottgeborenen reinen" seine ergreifendsten Gesänge geweiht! Vorzugsweise in den stillen Kirchen thätig, den idealsten Interessen der Menschheit dienend, blieb sie völlig unberührt von den Sitten der vornehmen Gönner, wenn sie einmal ihre glänzenden Paläste betrat. Keusch und kindlich und ohne zum Selbstbewußtsein erwacht zu sein, mochte sie wohl an dem glänzenden Scheine sich freuen, aber von der inneren Verderbnis verstand sie nichts und rein, wie sie gekommen, lehrte die Kunst

Abb. 58. Mahomed II. Venedig. Sammlung Lavard. Gentile Bellini.
(Nach einer Originalphotographie von Gebr. Alinari in Florenz.)

aus den lauten Festsälen der geistlichen und weltlichen Herren in die stillen Kapellen ihrer heimatlichen Kirchen zurück. So mußte auch in Pinturicchios Phantasie jene heilige Susanna und die nicht weniger naive Versuchung des heiligen Antonius sofort in ein poetisches Gewand sich kleiden, dessen zarte Schönheit wir vielleicht noch besser würdigen werden, wenn wir uns erinnern wollen, wie ähnliche Gegen stände in späteren Jahrhunderten behandelt worden sind.

Ebensowenig wie bei der heiligen Susanna kann es bei der Flucht der heiligen Barbara gelingen (Abb. 49), den Grund zu finden, warum gerade sie aus der großen Schar der Heiligen erwählt wurde, das

Spalte sichtbar, durch welche die Heilige entflohen ist, welche, geflügelten Schrittes davoneilend, mit betend erhobenem Blick und gefalteten Händen Gott für das Wunder ihrer Befreiung dankt (Abb. 50). Ebenso schnell eilt nach der entgegengesetzten Seite der König von dannen mit verzweifelten

Abb. 59. Madonnenbild. Rom. Appartamento Borgia.
(Nach einer Originalphotographie von Anderson in Rom.)

päpstliche Prunkgemach zu schmücken. Überdies gehört dies Fresko zu Pinturicchios weniger gelungenen Arbeiten im Saal der Heiligenleben, der auch hier nur die Ausführung des Hintergrundes einer Schülerhand überlassen hat. Der plumpe Turm in der Mitte, durch goldenes Stuckwerk plastisch gegliedert, hält die Komposition nur notdürftig zusammen. Noch ist die

Gebärden und gezogenem Schwert, die entflohene Tochter zu suchen. Zwei Krieger folgen ihm hastigen Schrittes, aber in ihren Mienen gibt sich die Unfähigkeit des Künstlers kund, leidenschaftliche Affekte zum Ausdruck zu bringen. Links im Hintergrunde erscheint die Gerettete noch einmal wieder mit der heiligen Giuliana auf der Flucht; rechts wird der Hirte, welcher dem König

Abb. 60. Der Saal der sieben freien Künste. Rom. Appartamento Borgia.
(Nach einer Originalphotographie von Anderson in Rom.)

das Versteck seiner Tochter verraten hat, versteinert.

Die fliehende Barbara mit der goldenen Fülle ihres flatternden Haares und dem dankbaren Blick ihrer klaren kindlichen Augen gehört zu den reizendsten Frauengestalten, die Pinturicchios Pinsel geschaffen hat: aber an der Sprödigkeit des gegebenen Stoffes, für den er keine Tradition vorfand, ist seine Gestaltungskraft gescheitert, und es ist ihm nicht gelungen, unser Interesse für die verfolgte Heilige auch nur oberflächlich zu erregen.

Um so tiefere Teilnahme flößt uns das Geschick der heiligen Caterina ein, deren Disputation mit den fünfzig Philosophen in jenem großen Bilde geschildert wird, das die ganze Bogenwand dem Fenster gegenüber einnimmt (Abb. 51). Nirgends kann man besser den Stil und die Malweise Pinturicchios studieren wie in diesem Meisterstück, dessen leuchtende Farben noch fast ganz ihre ursprüngliche Kraft bewahrt haben. Und doch ist das Martyrium des heiligen Sebastian in der Komposition sowohl als im

Ausdruck der einzelnen Köpfe der Disputation Caterinas überlegen, in welcher der Künstler für die ungeheure Wandfläche keinen anderen Mittelpunkt zu finden wußte, als jene in Stuck und Farben prächtig ausgeführte Nachbildung des Konstantinbogens mit einem goldenen Stier als Bekrönung und der huldigenden Inschrift darunter: Paris cultori![1]

Der mit märchenhafter Farbenpracht geschilderte Vorgang, ein Sittenbild, wie die Kunst der Renaissance niemals ein glänzenderes geschaffen hat, spielt sich auf blumenreicher Wiese ab, mitten in der freien Natur. Mochte die Ausführung des Hintergrundes zum Teil einem Schüler überlassen bleiben, schon die Wahl des Schauplatzes, der uns doch in die Stadt, in eine säulengeschmückte Gerichtshalle versetzen müßte, spricht für Pinturicchios glühende Naturliebe. Sogar die Sonne hat er als goldene Scheibe am Horizont

[1] Dem Friedenshort.

gemalt, ohne sich indessen auf Licht- und Schattenwirkungen einzulassen. In das intime Leben der Vögel hat er sich versenkt, mit denen er immer die Lüfte erfüllt, wenn er in den schwankenden Zweigen eines zart belaubten Baumes ein Nestlein anbrachte, zu welchem die sorglichen Alten eilen, die schreienden Jungen zu füttern.

Eine übersichtliche Komposition in die großräumige Fläche zu komponieren, ist dem Künstler dagegen nicht gelungen. Die Mitte des Bildes ist fast leer: man sieht nur einen der Philosophen im Vordergrunde, welcher aus dem Zeugnis eines aufgeschlagenen Buches, das ihm demütig kniend ein Page entgegenhält, mit energischer Handbewegung die Wahrheit seiner Lehre zu erhärten sucht. Zwei andere Gelehrte diskutieren im Hintergrunde, während das Gros dieser gewaltigen geistigen Macht in gemessener Entfernung vom Thron des Königs der Aufforderung harrt, die Sätze ihrer Weisheit zu verkünden (Abb. 52). Noch haben die würdigen Herren nicht alle ihre Beweisgründe im Kopf, und wie unsichere Schüler, welche die Lektion vor der Prüfung noch einmal überlesen, sieht man sie hier und da eifrig in den Folianten blättern. Nur die reizende Königstochter braucht alle die Büchergelehrsamkeit nicht, um ihren Kinderglauben zu verteidigen (Abb. 53). Furchtlos und vor Eifer glühend trägt sie ihre Glaubenssätze vor, an den beweglichen Fingern demonstrierend, wie sehr sie im Recht ist, den klaren Blick der großen Augen zuversichtlich auf den thronenden Märchenprinzen gerichtet, der ihr allein mit Aufmerksamkeit zuhört und härter als Stein sein müßte, wollte er sich durch solchen Glaubensmut nicht rühren lassen (Abb. 54).

Niemand anders als Lucrezia, Alexanders reizende Tochter, sein Lieblingskind, die in diesen Räumen aus und ein ging und hier auch wohl in Abwesenheit des Papstes die Geschäfte führte, niemand anders als jene viel geschmähte, viel verleumdete Frau ist in dem unschuldsvollen Bilde der heiligen Caterina dargestellt. Sie trägt die Farben ihres Geschlechts, das rote, goldgestickte Kleid und den blauen Mantel, der ihr im Eifer der Rede von der linken Schulter herabgesunken ist. Das lange, blonde Haar, welches die Zeitgenossen entzückte, fließt unter der Krone hervor und in goldenen Fluten über den verlengeschmückten Hals und über die Schultern herab. „Sie ist von mittlerer Größe und von zierlicher Gestalt," schreibt ein Zeitgenosse über sie, „ihr Gesicht länglich, die Nase schön profiliert, die Haare goldhell, die Augen von unbestimmter Farbe. Der Mund ist etwas groß, die Zähne blendend weiß: ihr Hals schlank und weiß, bedeutend und doch voll Maß. Ihr ganzes Wesen atmet stets lachende Heiterkeit!" In demselben Jahre, in dem Pinturicchio dieses Porträt gemalt hat, feierte man im Vatikan die Hochzeit der eben fünfzehnjährigen Papsttochter mit Giovanni Sforza, nachdem zwei frühere Verlöbnisse mit spanischen Edelleuten wieder gelöst waren. Es ist bekannt, wie bald auch dieser Bund für nichtig erklärt wurde, und wie Lucrezia erst, nachdem auch ihr zweiter Gemahl Alfonso von Aragon dem Ehrgeiz der Borgia zum Opfer gefallen war, als Herzogin von Ferrara der verpesteten römischen Luft für immer entrückt wurde und später wenigstens bei ihren Zeitgenossen durch Edelsinn und Frömmigkeit die bösen Gerüchte vergessen machte, welche ihre Jugend vergiftet hatten. Pinturicchios meisterhaft entworfenes Porträt stimmt Zug für Zug mit der Schilderung Lucrezias durch die Zeitgenossen überein und hilft uns das psychologische Rätsel lösen, welches Bild und Wesen dieser merkwürdigen Frau verhüllt. So heiter, ahnungslos und unbefangen wie hier Sancta Caterina vor dem König und seinem glänzenden Gefolge auftritt, mochte sich Lucrezia am entsittlichten Hofe ihres Vaters bewegen. Mit jenen großen unschuldigen Kinderaugen sah sie all das Böse, dessen Sinn sie nicht verstand, dem heiteren Lebensgenuß sich willig hingebend, an all dem glänzenden Schein sich freuend, aber wie ein echtes Kind des Südens, ohne daß ihre schlummernde Seele erwacht wäre, ohne daß auch nur ein Zweifel, eine Willensäußerung gegen jene furchtbare Verderbnis sich in ihr geregt hätte, deren Zeuge sie gewesen ist.

Zehn Jahre vergingen, und wir erhalten wieder ein Bild von dieser Frau, welche in Pinturicchios figurenreichem Fresko ein fast atemloses Interesse erregt. Es kam auch für Lucrezia ein Tag, wo von dem stolzen Glück, das sie am Hofe ihres Vaters genossen hatte, nichts übriggeblieben war als eine trübe, vielleicht von bangen Fragen und schmerzlichen Vorwürfen gepeinigte Erinnerung. „Ich besuchte gestern Ew. Herrlichkeit," schrieb Bembo unmittelbar nach Alexanders Tode im August 1503 an die Herzogin von Ferrara, „um Euch kund zu thun, mit wie viel Kummer und Betrübnis all Euer Unglück mich erfüllt hat. Ich wollte Euch trösten und Euch bitten, ruhig zu sein, da ich gehört hatte, daß Ihr Euch über alles Maß betrübt. Aber ach, es ge-

auch noch eine Reihe anderer Porträtgestalten von hohem persönlichen Interesse in dies figurenreiche Fresko eingeführt, gleich als wollte er uns auf einmal alle die glänzenden Gestalten vor die Augen führen, welche damals den Hof Alexanders VI. belebten. Links im Vordergrunde, im malerischen Nationalkostüm, erscheint Andrea Paläologo, der Despot von Morea, neben dem Thron des Königs (Abb. 55). Der Enkel und Erbe des unglücklichen Konstantin, unter

Abb. 51. Deckendekoration im Saal der sieben freien Künste. Rom. Appartamento Borgia.
(Nach einer Originalphotographie von Anderson in Rom.)

lang mir nicht, meine Vorsätze auszuführen! Denn als ich Euch in jenen düsteren Gemächern liegen sah, in schwarze Gewänder gehüllt, ganz von Jammer und Thränen hingenommen, da zog sich all' mein Denken in meinem Herzen zusammen, und ich stand eine gute Weile, ohne ein Wort hervorzubringen. Und selber trostbedürftig und unfähig, anderen Trost zu bringen, im Innersten erschüttert durch jenen schmerzensreichen Anblick, ging ich stumm und sprachlos von dannen."

Nimmt die holde Erscheinung Lucrezias zunächst Auge und Phantasie des Beschauers völlig gefangen, so hat Pinturicchio doch

dem Konstantinopel in die Hände der Türken fiel, weilte schon seit dem Jahre 1465 als Flüchtling am päpstlichen Hof, wo er durch seine souveränen Ansprüche den Ceremonienmeistern viel zu schaffen machte und wo er auch in den ersten Regierungsjahren Julius' II. gestorben ist. Ein vornehmer Türke in farbenprächtiger Kleidung und der charakteristischen Haltung, welche noch heute den Anhängern Mahomeds eigen, steht an der anderen Seite des Throns (Abb. 56). Grieche und Türke, zwei Rassen, die sich von jeher gehaßt haben, sind hier in wirkungsvollem Gegensatz einander gegenübergestellt. Aber dieser ausdrucksvolle Kopf ist wohl

5*

Abb. 62. Die Rhetorica. [Mittelstück.] Rom. Appartamento Borgia.
(Nach einer Originalphotographie von Anderson in Rom.)

nicht Dschem selbst, der viel genannte Sohn
des furchtbaren Mahomed II. und der Bruder des regierenden Großtürken Bajazet,
vor dessen Nachstellungen er nach mancherlei
Irrfahrten endlich am päpstlichen Hof schon
unter Innocenz VIII. eine Zufluchtsstätte
gefunden hatte. Wenn man die zahlreichen
Berichte über Dschems Erscheinung und
Lebensweise liest, der in Rom so außer-
ordentliches Aufsehen erregte, daß alle Chronisten von ihm voll waren und man sich
gar in der Hauptstadt der Christenheit nach
türkischer Sitte zu kleiden begann, so passen
dieselben in allen Einzelheiten viel besser
auf den stattlichen Reiter rechts in der
Ecke, welcher eben mit seinen Dienern und
Hunden von einem fröhlichen Jagdzug heim-
zukehren scheint und voll Erstaunen Halt

gemacht hat, als er die feierliche Versammlung erblickte (Abb. 57). Schon Mantegna, der für Innocenz VIII. im Belvedere malte, als Dschem im Jahre 1489 seinen Einzug in Rom hielt, versprach seinem Herrn, dem Markgrafen von Mantua, ein Porträt von dem Türkenprinzen zu entwerfen, von dem er einstweilen eine umständliche Beschreibung entwirft. „Unser Herr sucht ihn auf alle Weise durch Jagdpartien, Musik und Ähnliches zu zerstreuen. Ich finde an ihm eine gewisse stolze Majestät, und die Seinen loben ihn und sagen, er säße ausgezeichnet zu Pferde. Auf dem Kopfe trägt er 30 000 Ellen Leinwand. Er ist gleichgültig gegen alle Dinge wie einer, der es nicht versteht, und zeigt im ganzen wenig

Abb. 63. Detail aus der Rhetorica. Rom. Appartamento Borgia.

Urteilskraft. Aber sein Ansehen ist furchterregend, vor allem, wenn ihn Bacchus heimsucht." Sigismondo de' Conti weiß zu berichten, daß Dschem 35 Jahre zählte, als er nach Rom kam, in seiner Größe den Durchschnitt überragte, ein olivenfarbenes Gesicht und eine Adlernase besaß und durch seine unruhigen blauen Augen auffiel, welche Grausamkeit und Unmäßigkeit ahnen ließen. Die Gesandten von Ferrara und Mantua endlich betonten die auffallende Ähnlichkeit Dschems mit seinem furchtbaren Vater Mahomed II., dem Eroberer von Konstantinopel, dessen Züge uns nicht nur in zahlreichen Medaillen, sondern vor allem auch in jenem merkwürdigen Porträt enthalten sind, welches Gentile Bellini in den letzten Lebensjahren des Großtürken in Konstantinopel gemalt hat (Abb. 58). Alle diese Umstände führen uns dazu, in dem vornehmen Reitersmann den Prinzen

Dschem zu erkennen, den Großtürken, wie man ihn kurzweg in Italien genannt hat. Dieser Jagdzug ist in der That eine seltsame Episode in der Disputation der heiligen Caterina, und es ist einleuchtend, daß sie nur dem seltsamen Gast zu Gefallen, in die Heiligengeschichte eingeschoben werden konnte. Als Jäger mußte man den Sohn Mahomeds oft in Rom gesehen haben bei den Jagden, die der Papst ihm zu Ehren gab; als kühner Reiter wurde er vor allem von den Seinen gepriesen, und man begreift, daß die Pracht der golddurchwirkten Gewänder, in denen er hier auftritt, ihn die köstlichen Stoffe gering schätzen ließ, welche der Papst ihm einmal darbot. Die hohe majestätische Erscheinung, die Adlernase und das kleine scharf blickende Auge, alles das paßt sehr wohl auf die Beschreibungen Mantegnas und Sigismondos, vor allem aber ist die Ähnlichkeit mit dem

Abb. 61. Die Arithmetica (Detail). Rom. Appartamento Borgia. (Nach einer
Originalphotographie von Anderson in Rom.)

der fast ganz eigen-
händigen Ausführung,
wegen der leuchtenden
Farbenpracht und weil
die dargestellten Per-
sönlichkeiten besonde-
res Interesse erregten,
als seine Glanzleistung
in den Gemächern Alex-
anders VI. preisen
würde. Wie hätte er
da nicht darauf be-
dacht sein sollen, sich
hier nach der herrschen-
den Künstlersitte selber
ein Denkmal zu setzen
und unter so vielen
anderen auch sein ei-
genes Bildnis in diesem
Fresko anzubringen?
Links in der Ecke hin-
ter dem Despoten von
Morea werden zwei
wohlerhaltene Porträt-
köpfe sichtbar, in denen
wir Architekten und
Maler des Apparta-
mento Borgia begrüßen
dürfen. Der erstere
eine würdige Erschei-
nung, in welcher sich
der tüchtige Charakter,
das erfolggekrönte
Streben und die Meis-

Vater Ausschlag gebend, die noch über-
raschender wirkt, weil beide Köpfe fast in
ganz derselben Haltung aufgenommen sind.[1]

Pinturicchio wußte sehr wohl, daß man
die Disputation der heiligen Caterina, wegen

terschaft in der Beschränkung aufs klarste aus-
prägen, trägt eine goldene Ehrenkette über der
Brust und hält als Zeichen seines Handwerks
das Winkelmaß in die Höhe. Leider kennen
wir den Namen des wackeren Architekten nicht,
und alle Vermutungen auf Bramante, Giuliano da Sangallo den Älteren, Andrea
Bregno müssen sich als haltlos erweisen, aber
sicherlich steht hier der Erbauer der Torre
Borgia in Person vor uns. Rechts neben
ihm erscheint Pinturicchio in weit einfacherer
Tracht, der sein Porträt nach dem Spiegel
gemalt hat und sehr bescheiden hinter den
älteren Genossen in den Hintergrund zurück-
getreten ist.

Ein Rundbild Marias mit dem Kinde
(Abb. 59) über der Thür, durch welche
wir eintreten, gab wegen eines leisen individuellen Zuges im Gesicht der hinreißend
liebenswürdigen Madonna den Römern er-

[1] Mit allen älteren Erklärern des Appartamento Borgia und auch mit den neuesten Heraus-
gebern der nicht genug zu rühmenden Prachtpubli-
kation von P. Ehrle und H. Stevenson habe ich
bis dahin angenommen, Dschem sei jener Mann,
der in weit bescheidener Stellung als dieser Reiter rechts — vom Beschauer — an den Stufen des
Königsthrons erscheint. Durch A. Venturi wurde
ich eines besseren belehrt, und seiner Meinung
wird man aus den oben entwickelten Gründen
ohne weiteres zustimmen dürfen. Ich bin geneigt,
auch in dem Holzschnitt eines türkischen Macht-
habers, den Lippmann zuerst publiziert hat (Jahr-
buch d. k. Pr. Kunstsamml. 1881 p. 216) ein
Porträt Dschems zu erkennen, der hier wie z. B.
auch regelmäßig bei Infessura „el gran Turco"
genannt wird.

wünschten Stoff zu allerhand vagen Vermutungen, die Vasari in seiner Lebensbeschreibung Pinturicchios der Nachwelt erhalten zu müssen meinte. Jedenfalls gehört
dies Tondo zu den lieblichsten Marienbildern
des Künstlers, der sich überhaupt bestrebt
zeigt, im Saal der Heiligenleben den eigentümlichen Charakter seiner Kunst von Schülerhänden möglichst unberührt zu zeigen. Diesen
mochte er in der Gesamtheit nur die Teppich-
dekoration der Wände anvertraut haben,
Granatblumenmuster auf ziemlich dunklem
Grunde, die gewöhnlich durch Gobelins verdeckt wurden, deren zierliche Haken noch heute
an dem überaus prächtigen Marmorfries
erhalten sind. Die gediegene Technik endlich, in der jede einzelne dieser Fresken
gearbeitet wurde, trug wesentlich zu ihrer
herrlichen Erhaltung bei, so daß kein Raum
in den Gemächern Alexanders VI. Auge und
Herz des Besuchers inniger erfreut als dieser,
wo überdies die Gegenwart Lucrezias und so
vieler glänzender Erscheinungen vom Hof des
Papstes sein Interesse noch mehr als gewöhnlich erregt.

Weit umfangreicher, als man bisher angenommen hat, müssen dagegen die Restaurationen gewesen sein, denen der Saal der
sieben freien Künste zum Opfer gefallen ist
(Abb. 60). Vor allem wurde hier der schön
gegliederte Marmorfries, welcher rings die
Wand umzieht und die Bogenlunetten von
den Mauerflächen trennt, um mehr als einen
halben Meter hinaufgerückt, wodurch die
Lunettenbilder sämtlich unten beschnitten
wurden und der ganze Saal seine wohl-
durchdachten Proportionen verlor. Dann
wurde der breite Gurt, welcher die Zwillingsgewölbe trennt, vielleicht schon unter Gregor XIII. restauriert und völlig neu gemalt,
und endlich ist ein Teil der Fresken selbst
bis zur Unkenntlichkeit entstellt worden. Mag
auf die Deckendekoration weit weniger Fleiß
verwendet worden sein wie in den vorigen
Gemächern, eben weil durchaus malerische
Gesichtspunkte maßgebend waren und alles
Figürliche fehlt, wirkt das Ganze so ruhig,
so festlich stimmend auf den Beschauer. Überdies sind hier oben noch keine Versuche mit
der neuen Dekorationsweise gemacht, die
Grotesken fehlen noch ganz, aber das ältere
System ist zur höchsten Vollendung geführt.
Nur der leitende Gesichtspunkt ist hier derselbe geblieben wie im Saale der Heiligen-

leben: Preis und Vergötterung des Borgia-
namens! Jedes der Zwillingsgewölbe gleicht
dem anderen in allen Einzelheiten, und die
Grundelemente der überaus gefälligen Komposition wiederholen sich mechanisch und
scheinen nach der Schablone ausgeführt (Abb.
61). Und doch ist die Verbindung der
einzelnen Motive so geschickt, die Gewölbe
sind schon architektonisch so glücklich gegliedert, daß man vielmehr meint, Pinturicchio müßte sich hier in Formgedanken erschöpft haben. Wie eine flammende Sonne
schwebt das lorbeerumkränzte Borgiawappen
in der Mitte der Wölbung von einem breiten
Kranz goldener Ornamente umgeben, die sich
zwanglos und organisch aus Palmetten, Füll-
hörnern und dem Wappentier der Borgia
zusammensetzen und sich leuchtend wie das
Sternenheer am wolkenlosen Himmel von
dem tiefblauen Grunde abheben. Gezähmte
Stiere nahen sich in den Seitenfeldern paarweise einem kandelaberartigen Aufbau, wo
liebenswürdige Putten ihrer mit einer Binde
warten und andere mit Posaunentönen aller
Welt den Preis der Borgia verkündigen.
Aber auch dieses Motiv, welches zweimal in
jedem Gewölbe wiederkehrt, ist rein or-
namentaler Natur und fügt sich prächtig in
das plastisch gegliederte, von goldenen Frucht-
kränzen in den Hauptzügen bestimmte Rahmenwerk. Und all' diese schimmernde Pracht
liegt so still und strahlend auf dem ruhigen
Blau!

Wie die sieben Kardinaltugenden — die
übrigens in den Borgiaräumen fehlen —
und wie die sieben Planeten, so waren auch
die sieben freien Künste ein beliebtes Thema
für den Schmuck von öffentlichen und Privat-
gebäuden in der ganzen Frührenaissance.
Sie treten in der Malerei schon auf in der
spanischen Kapelle zu Florenz und dann
später in den Fürstenschlössern von Urbino
und Bracciano und in der Villa der Torna-
buoni bei Fiesole. Alles, was es Wissens-
wertes gab, repräsentierten sie wie etwa heute
die vier Fakultäten, und schon in der spanischen Kapelle waren sieben Frauengestalten
gewählt, die Allegorien zu verkörpern. Wie
jede Entwicklung in der Renaissancekunst
gesetzmäßig fortgeführt wird, bis sie das Ziel
erreicht hat, so läßt sich auch in der Darstellung der sieben freien Künste ein ruhig
aufsteigender Weg verfolgen, in dessen Mitte
etwa Pinturicchios Fresken im Appartamento

Abb. 65. Die Musica. Mittelstück. Rom. Appartamento Borgia.
(Nach einer Originalphotographie von Anderson in Rom.)

Borgia stehen. Schon in der spanischen Kapelle sieht man mit jeder der freien Künste ihren vornehmsten antiken Vertreter dargestellt; Melozzo da Forli erhob sie auf den Thron und umgab sie mit fürstlicher Pracht, welche nur Pinturicchio noch gesteigert hat. Botticelli führte dann die Unterordnung der freien Künste unter die Philosophie, die Königin der Wissenschaften, ein, und Raffael endlich gab die Allegorien auf und griff auf die antiken Vertreter zurück. Der Gedanke Botticellis aber blieb auch für ihn maßgebend, und er mochte darin durch Antonio Pollajuolo bestärkt worden sein, der unter den Erzbildern am Grabmal Sixtus' IV. Theologie und Philosophie zu Häupten des Toten gebildet hat und die übrigen Wissenschaften rings um ihn herum. Plato und

Abb. 66. Detail aus der Musica. Rom. Appartamento Borgia.
(Nach einer Originalphotographie von Anderson in Rom.)

Aristoteles, die Fleisch gewordene himmlische und irdische Weisheit, erscheinen in der Schule von Athen hoch oben auf der Plattform jener königlichen Halle, und im Kreise um sie her bewegen sich in zwangloser Gruppen angeordnet die Repräsentanten der sieben freien Künste bei den Alten.

Die Aufgabe, welche Pinturicchio wurde, sieben thronende Frauengestalten in ebenso vielen Lunetten nebeneinander darzustellen, war allerdings ein wenig dankbares Thema, aber der erfahrene Meister verstand es, aus der Not eine Tugend zu machen. Indem er auf die Einzeldarstellungen weit geringere Sorgfalt verwandte als im Saal der Heiligenleben, faßte er vor allem die Gesamtwirkung ins Auge, immer darauf bedacht, in den Bewohnern dieser Räume eine festliche, ruhig genießende Stimmung zu erzeugen. Gelang ihm solche Absicht vielleicht gerade deshalb hier so gut, weil er so geheilige Naturgesetze auch für seine Kunst gelten lassen wollte, weil er feinfühlig jeden Ton vermied, der die große Harmonie der Farben auch nur leise hätte stören können? Wie das blaue Himmelszelt mit seinen goldenen Gestirnen, so breitet sich dieses Gewölbe ruhig und heiter über einer einzigen Landschaft aus, wo auf dem grünen Plan friedlich nebeneinander die hohen Frauen thronen, jede von der Schar ihrer Verehrer umringt. Gewiß, diese mäßig bewegten Scenen ohne jede Handlung, ohne das Vermögen, den Beschauer innerlich zu packen, müssen bei der Einzelbetrachtung ermüden, aber wer wäre jemals so weit gekommen von den Menschen, für welche diese Gemächer ausgemalt worden sind? Werden nicht Alexander und die Seinen dem Künstler ebenso dankbar gewesen sein für das ruhige Glücksgefühl, das sich ihnen aus diesen Bildern mitteilte, wie wir es heute sind, ohne nach dem Wert oder Unwert des einzelnen zu fragen?

Im Bogenfeld der Fensterwand gegenüber äußert sich Pinturicchios seines Gefühl für den Zusammenklang von Form und Farbe am vollkommensten. Von Engelhänden getragen, ſchwebt das päpſtliche Wappen zwiſchen den fingierten Lunetten, aber der Grund, auf dem es ruht, iſt rot und grün und nicht mehr rot und blau, wie es die Wappenfarben der Borgia verlangen würden. Der grüne Ton paßte beſſer in der Farbenſtimmung zu den Landſchaften rechts und links, wo Pinturicchio ein ganz neues Verfahren anwandte, den Hintergrund plaſtiſch zu heben, in dem er ihn über und über in allen Lunetten mit goldenen Knöpfen bedeckte.

Die Rhetorica (Abb. 62), ein überaus liebliches Weſen, trägt die Symbole der Gerechtigkeit, die Erdkugel und das Schwert. Zu ihr bekennt ſich eine ausdrucksvolle Porträtgeſtalt in der Tracht eines päpſtlichen Geheimkämmerers (Abb. 63), aber einen Cicero würden wir unter der Geſellſchaft vergebens ſuchen. Es ſind Idealgeſtalten ohne ſchärfere Charakteriſtik, deren Ausführung der Meiſter teilweiſe den Schülern überlaſſen haben wird, obwohl an der Thronſtufe links in deutlichen Lettern ſein eigener Name „Pentoricchio“ zu leſen iſt.

Nebenan thront Geometria mitten in freier Landſchaft wie die Rhetorica. Sie hebt mit der Rechten ein Winkelmeſſungsinſtrument wie einen Fächer empor und hält mit der Linken eine Tafel mit geometriſchen Figuren auf das Knie geſtützt. Eifrig ſeine Kreiſe zeichnend ſitzt der kahlköpfige Euklid zu ihren Füßen, und zahlreiche Anhänger haben ſich um den hochgebauten Thron geſchart. Wir bemerken unter dieſen ziemlich minderwertigen Figuren nur eine einzige Porträtgeſtalt, jenen Jüngling, der mit einem Winkelmaß bewaffnet ganz links in der Ecke aus dem Bilde herausſchaut. Offenbar iſt das Porträt nach dem Spiegel gemalt, und vielleicht ſteht hier jener namenloſe Schüler vor uns, welcher im Saal der Myſterien gearbeitet hat und auch im Saal der ſieben freien Künſte ſeinem Meiſter hilfreich an die Hand gegangen iſt.

Die Arithmetica (Abb. 64) iſt die ſeelenvollſte unter den ſieben Schweſtern. Der Marmorthron mit dem Baldachin darüber, welcher an monumentaler Würde mit einem altchriſtlichen Biſchofsſtuhl wetteifern könnte, aber weniger bequem zu ſein ſcheint, iſt zu koloſſal für die zarte Frauengeſtalt, welche nur ſchüchtern darauf Platz genommen hat und auf dem Schoß einen Zirkel und die

Pythagoreiſche Tafel als Embleme trägt. Pythagoras ſelbſt, ein ehrwürdiger Denker mit langem weißen Bart, erſcheint von den übrigen ein wenig abgeſondert unten rechts vom Thron; ob ſtehend oder ſitzend, vermögen wir nicht zu entſcheiden, da hier wie bei allen übrigen Lunetten der untere Teil durch den erhöhten Marmorfries in barbariſcher Weiſe zerſtört worden iſt. Um die Beſchützerin ſchöner Proportionen, ſeiner Berechnungen, korrekter Zeichnung haben ſich jung und alt beſonders zahlreich verſammelt, und es iſt wahrſcheinlich, daß ſich unter dieſer Schar mehr als einer der Gehilfen Pinturicchios verewigt hat.

Einen ſelbſtändigen Wert und einen tieferen Sinn beſitzt aber von all’ dieſen Allegorien nur die Muſica allein (Abb. 65). Sie ſitzt nicht regungslos da wie die anderen, dem Beſchauer als Beglaubigung allerhand Symbole entgegenhaltend, die dieſer am Ende ebenſo teilnahmlos betrachtet wie die klugen Männer um ſie herum; Frau Muſica hat ihre Violine zur Hand genommen und ſpielt die ſchönſten Weiſen. Schon durch den prächtigen, dunkelgrünen Teppich, den zwei Putten pflichtſchuldigſt hinter ihrem Thron emporhalten, iſt ſie mit der weltbeherrſchenden Rhetorica vor den Schweſterkünſten ausgezeichnet; aber ſie achtet all’ der Ehre nicht. Mit niedergeſchlagenen Augen und tief verſenkter Seele ſpielt ſie dem Chor die Melodien vor, die er aufnehmen und begleiten ſoll. Zwei kleine Putten blaſen gleich rechts und links vom Thron die Flöte, und zu dem greiſen Tubalcain, der das Konzert mit klingenden Hammerſchlägen begleitet, haben ſich ſingend zwei Grauköpfe geſellt (Abb. 66). Vor allem aber ſind die ſchönen Jünglinge die erwählten Diener der königlichen Frau. Welche Hingabe ſpricht aus ihren jugendlichen Köpfen, wie andächtig ſie ihre Noten ſingen, welch’ zarte Töne ſie Harfe und Guitarre zu entlocken wiſſen (Abb. 67)! Es gibt nur wenige Konzertbilder aus der Renaiſſance, in denen ſich die Liebe zur Muſik, die eigentlich jeden Künſtler damals beſeelte, ſo ſinnig, ſo ſpontan, ſo herzerfriſchend geäußert hätte wie in dieſem Fresko Pinturicchios. Wie beredt er auf einmal geworden iſt, wie froh er die Gelegenheit ergriffen hat, die eintönige Schilderung abſtrakter Allegorien durch etwas Selbſterlebtes, Selbſtempfundenes zu unterbrechen!

Abb. 67. Detail aus der Musica. Rom Appartamento Borgia.

Wir meinen den fröhlichen Gesang eines Vogels zu vernehmen, der seinem Käfig entronnen ist.

Gehorsam bewegt sich der Künstler dagegen in der Astronomie wieder in den gegebenen Geleisen. In gemessener Entfernung von der thronenden Frau haben sich zu beiden Seiten ihre Anhänger aufgestellt mitten in einer gebirgigen, von spärlichen Bäumen besetzten Landschaft. Hier sieht man zur Linken Ptolemäus mit der sternenbesetzten Himmelskugel in der Rechten, weil er zuerst den Lauf der Gestirne erforscht haben soll, rechts in dem wohlgenährten Kahlkopf darf man vielleicht einen modernen Vertreter der Himmelskunde erkennen, wie ja auch in der Musica die Porträtgestalt eines vornehmen Jünglings mit der Guitarre bedeutungsvoll dem alten Iubalcain gegenüber gestellt ist, die neuere Zeit würdig zu vertreten. Die Astronomia selbst, welche in der Rechten das sogenannte Astrolabium emporhält, ist völlig übermalt, dagegen scheint Pinturicchio in den Seitengruppen vor allem links selber Hand angelegt zu haben. Wären

nur hier nicht an der Außenwand die Farben durch den Einfluß der Witterung fast völlig zerstört worden!

Viel ärger noch haben Grammatica und Dialectica gelitten, deren antike Repräsentanten Priscian und Aristoteles ziemlich deutlich charakterisiert sind. Pinturicchio selbst hat seinen Pinsel überhaupt niemals an diese Wand gelegt, die er ganz jenem Gehilfen überlassen haben muß, der das Zimmer der Mysterien ausgemalt hat. Man vergleiche z. B. die greisen Köpfe in der Grammatica mit jenem Apostel, der in der Ausgießung des heiligen Geistes rechts von der Madonna erscheint.

Die Wanddekoration des Zimmers, welche erst durch die letzte Restauration wieder aufgedeckt wurde, stimmt im Geschmack völlig mit der Decke überein. Auch hier entdecken wir weder in dem Pilasterornament der rechten Wand noch in der Flächendekoration eine Spur von Grotesken. Das erstere ist in Chiaroscuro auf goldenem Grunde ausgeführt ganz wie in der Sixtina; als Vorlage für den Schmuck der Wände wurden die

Muster des sogenannten opus Alexandrinum benutzt, jene aus antiken Steinen zusammengesetzte Fußbodenbekleidung altchristlicher Basiliken, wovon sich heute in Rom noch zahllose Beispiele finden. So wurden die Ornamente der Steinarbeiten von jeher in der dekorativen Malerei der Frührenaissance nachgeahmt, ja man kann ohne weiteres die Entstehungszeit gewisser Malereien aus dem Ornament allein wenigstens annähernd bestimmen. Wird es nicht sofort klar, daß Pinturicchio den Saal der sieben freien Künste zuerst von allen Borgiagemächern vollendet haben muß, wenn hier noch die Kandelaberverzierung der Pilaster ganz einfarbig in Chiaroscuro sowohl an der Wand wie in den Fensternischen ausgeführt ist, wenn man weder in der Wandflächendekoration noch oben an der Decke eine Spur der Groteske entdecken kann, welche schon im Saal der Heiligenleben und der Mysterien triumphierend ihren Einzug hält? Das Ornament ist also diesmal der Führer, welcher uns den Weg zeigt, die Malereien Pinturicchios chronologisch zu bestimmen, und wie es uns versichert, daß der Meister im Saal der freien Künste zu malen begann, so bestätigt es auch die sonst überlieferte Kunde, daß die beiden Gemächer der Torre Borgia zuletzt vollendet worden sind.

Vasari erwähnt ausdrücklich, daß Pinturicchio auch den ganzen Turm mit Malereien schmückte, aber das wenige, was heute noch davon vorhanden ist, macht uns glauben, daß hier noch mehr als sonst der Name des Meisters für die Arbeiten der Schüler eingetreten ist. Allerdings wird niemand anders als ein in dekorativen Fragen so erfahrener Mann, wie nur Pinturicchio selbst es war, den Entwurf der Decke im Saal des Credo (Abb. 68) bestimmt haben können, zudem einige Stufen direkt aus dem Saal der sieben freien Künste hinaufführen. Aber daß der Vielbeschäftigte sich an der mühsamen Ausführung dieser feinen Ornamentik irgendwie beteiligt habe, wird schwerlich jemand behaupten wollen. Hat er doch auch die Lunettenbilder darunter (Abb. 69) mit den paarweise angeordneten von ellenlangen Spruchbändern umflatterten Propheten und Aposteln einem erfahrenen Gehilfen überlassen, der ihm wahrscheinlich schon unter Innocenz VIII. bei der Ausmalung der Loggia des Belvedere gute Dienste geleistet hatte.

Alexander Borgia PP. VI fundavit heißt es auf einer Inschrifttafel in dem mittleren der drei Hauptkreise, welche willkürlich verschlungenen mit gemalten Arabesken verzierte Gurten am Spiegelgewölbe gezogen haben, und gleich daneben liest man in lateinischen Lettern die Jahreszahl 1494, die halbverwischt auch an der Decke im folgenden Zimmer, dem Saal der Sibyllen, wiederkehrt. Leider ging die ganze Wanddekoration bis auf eine Fensterbekrönung durch ein zierliches Delphinenpaar zu Grunde, aber daneben haben sich gerade an den Wänden dieser Fensternische, die auf den Hof des Portonein di Ferro geht, nicht unbedeutende Reste einer kandelaberartigen Verzierung erhalten, die nichts Geringeres beweisen als die Thatsache, daß die unverfälschte Groteske zum erstenmal ihren unerschöpflichen Reichtum an Formgedanken und Farbenmotiven im Saale des Credo entfaltet haben muß. Vor allem lassen sich noch an der rechten Fensterwand die Umrisse der Zeichnung und die zarten Farben auf dem schwarzen Grunde erkennen. Man sieht noch die Umrisse eines leicht komponierten Aufbaues, unter dem auf der Erde zwei bärtige Männergestalten hocken; antike Masken dienen zur Verkleidung der Ecken, und oben sieht man rechts und links vom Kandelaber eine Leier aufgestellt, an welche geflügelte Amoretten gefesselt sind, deren Pfeile und Köcher unter ihnen unbenutzt herabhängen. Das Ganze ist so originell in der Erfindung, so sicher in der Zeichnung, so feingestimmt in der Färbung, daß man in allen Gemächern Alexanders zusammen keine so reizenden Grotesken wiederfindet, die niemand anders als Pinturicchio selber ausgeführt haben kann, der nun wahrscheinlich auch an den untergegangenen Wandmalereien bedeutsamen Anteil gehabt haben wird.

Wunderbar bleibt es immer, daß nach solchen Vorgängen der Plafond im Saal der Sibyllen ein so altertümliches Aussehen bewahrt hat (Abb. 70). Die flache, durch vergoldetes Stuckwerk verzierte Decke, in der Einteilung ihrer Felder einem mit runden Steinen besetzten Mühlbrett vergleichbar, ist durch eine reich gegliederte Hohlkehle in ganz ähnlicher Weise mit der Wand verbunden, wie die Kassettendecke im ersten Saal des Penitenzieripalastes. Man muß in der That die Mannigfaltigkeit der Gedanken und

Motive bewundern, wenn schon der Architekt darauf bedacht war, jedes der Zimmer
im Papstpalast anders zu überdecken, und

Motive in jedem Felde wiederholen, als
wären sie in der That mechanisch verviel-
fältigt worden. Schwache Versuche, die

Abb. 64. Deckendekoration aus dem Saal des Credo. Rom. Appartamento Borgia.
(Nach einer Originalphotographie von Anderson in Rom.)

man wird auch die Deckendekoration im
Saal der Sibyllen als durchaus originelle
Leistung anerkennen. Sieht man aber ge-
nauer zu, so entdeckt man, wie schablonen-
haft das Ganze gearbeitet ist, wie sich die

Groteske einzuführen, werden hier und da
gemacht, aber sie gelingen nicht, da die
Phantasie des Künstlers in einer ganz anderen Formenwelt gebildet war. Wie alt-
väterlich sprechen uns seine Darstellungen

der sieben Planeten an, wie strenge im Ausdruck und gemessen in der Bewegung sind seine Propheten und Sibyllen, wie wenig erfreulich wirken alle Einzelheiten in der als Ganzes in Gliederung und Färbung so wohl getroffenen Komposition! Leider hat sich von den Wandmalereien keine Spur erhalten; dürfen wir nach der Decke schließen, so kann auch diese Pinturicchio im besten Falle nur entworfen haben. Vasari berichtet, Pietro Torrigiani habe in der Torre Gemächern Alexanders VI. die eigentümlichste Leistung der besten Mannesjahre Pinturicchios, da heute alles das, was er ein Jahr später in der Engelsburg malte, zu Grunde gegangen ist. Seine Malereien hier könnten die Geschmacksrichtung der Zeit, den päpstlichen Gönner, den Künstler selbst nicht besser charakterisieren. Der Papst, welcher den Interessen seiner Familie stets das allgemeine Wohl geopfert hat, ist unter den Nachfolgern Petri einer der ersten ge-

Abb. 69. Lunette aus dem Saal des Credo. (Schule Pinturicchios.) Rom. Appartamento Borgia.
(Nach einer Originalphotographie von Anderson in Rom.)

Borgia Stuckarbeiten ausgeführt, und weiß von einem sonst nur als Lehrer Peruzzis bekannten Meister Pietro d'Andrea aus Volterra zu erzählen, der unter Alexander VI. einiges im Vatikan gemalt. Vielleicht hat Pinturicchio diesen beiden Meistern die Deckendekorationen in der Torre Borgia überlassen, in denen sich eine ganz andere mehr von sienesischen als von umbrischen Einflüssen bestimmte Kunstrichtung ausspricht, wie im Appartamento selbst.

Und doch bleiben trotz aller Beihilfe von so viel Schülern die Malereien in den wesen, der für seine Privaträume einen so monumentalen Bilderschmuck verlangte, wie man ihn bis dahin nur in öffentlichen Gebäuden, in Kapellen und Kirchen zu sehen war. Die Stätten des Todes hatte sonst vorzugsweise die Kunst geschmückt, die Geschlechtskapellen großer Familien, die Gräber von Päpsten und Prälaten; Alexander stellte zum erstenmal die Hände der Maler und Bildhauer ganz in den Dienst eines glänzenden, genußverlangenden Lebens, wodurch er ohne weiteres der Kunst nach Form und Inhalt neue Bahnen wies und vor allem für die bis dahin ganz zurücktretende dekorative Malerei ein weites Feld eröffnete.

Viele wandeln heute durch diese weiten leeren Räume in der wenig gehobenen Stimmung, in der man für gewöhnlich in einem Museum prüfend von einem Gegenstand zum anderen geht, und nur vielleicht im Saal der Heiligenleben vor der Disputation der heiligen Caterina nimmt ihre Phantasie einen höheren Schwung. Versetzen wir uns

Luxus der Frührenaissance die Wände, die Nischen und die Winkel belebte, als die goldenen Geräte, die wir heute in verblaßten Spuren in den dekorativen Wandmalereien wiederfinden, auf den Tischen und Kredenzen umherstanden, als köstliche Gobelins von den Wänden herabhingen und türkische Teppiche den Boden bedeckten! Kein Herrscher der Erde konnte sich damals rühmen, einen Palast zu bewohnen, welcher

Abb. 70. Deckendekoration im Saal der Sibyllen. Rom. Appartamento Borgia.

aber aus der Gegenwart hinaus in jene Zeit zurück, als Alexander und seine Kinder im Saal der Heiligenleben ihre Feste feierten, als Karl VIII. von Frankreich im Saal der Päpste die Obedienzleistung that, als in den vor jedem unberufenen Ohr besonders sicheren Turmgemächern die geheimsten Pläne geschmiedet wurden, den Glanz und die Macht der Borgia zu erhöhen, welch' ein Bild entsteht da vor unseren Augen! Wie wohl mögen sich diese Genußmenschen in solchen Räumen befunden haben, als die edle Pracht, der gediegene

sich der Zimmerflucht Alexanders VI. auch nur entfernt hätte an die Seite stellen lassen. Aber wie schnell sollte alle diese Herrlichkeit vorübergehen!

Als Alexander VI. am 18. August 1503 vielleicht am Gift, wahrscheinlicher aber am römischen Fieber gestorben war, erschienen die Henkersknechte Cesares in den verlassenen Räumen und trugen Gold- und Silbergeräte im Wert von mehr als 100 000 Dukaten mit sich davon; die päpstlichen Diener vollendeten die Plünderung, und als sich am folgenden Tage der schauerliche Leichenzug

des Papstes durch die ganze Zimmerreihe
zur Camera del Papagallo bewegte, hatten
hier die plündernden Scharen nur noch
einige Stühle und Kissen und die Teppiche
an den Wänden zurückgelassen. Das Andenken der Borgia aber senkte sich seitdem
wie ein Fluch auf die Prunkgemächer herab,
wo sich selbst an den Malereien und Stuckarbeiten Pinturicchios ein frühzeitiger Verfall bemerkbar machte. Hat doch Julius II.
abbrechen zu lassen. Alexander VI. war
nicht der Mann gewesen, einen Künstler
durch wirklich großartige Aufgaben über
sich selbst hinauszuheben, und wie Julius II.
kein geringer Anteil an den Großthaten
Raffaels und Michelangelos gebührt, so
mußte auch der negative Geist eines völlig
demoralisierten Hofes die Gestaltungskraft
eines Künstlers lähmen, und Pinturicchio
bewies noch Kraft und Talt genug, wenn

Abb. 71. Die Heimsuchung Marias. (Schule Pinturicchios.) Orvieto. Dom.
(Nach einer Originalphotographie von Anderson in Rom.)

schon im November 1507 die Absicht geäußert,
das Appartamento Borgia preiszugeben. Die
Luft in diesen Räumen erstickte ihn, der
beständige Anblick Alexanders VI., seiner
Wappen und Impresen war ihm unerträglich
geworden. Mit zornigen Worten hat der
ergraute Choleriker bei dieser Gelegenheit
seinem Vorgänger das Urteil gesprochen, und
sein strenger Richterspruch galt nicht nur der
Zeit und den Menschen allein, er kann auch
auf die durch Pinturicchio vertretene Kunstrichtung bezogen werden, obwohl der Papst
als echter Rovere sich weigerte, die Malereien
er sich zum Herold all des äußeren Glanzes
machte, welcher die innerliche Verderbnis
der für das Papsttum so verhängnisvollen
Borgiaepisode überdeckte.

Als Pinturicchio noch im Vatikan beschäftigt war, hielt Karl VIII. von Frankreich am Sylvestertage des Jahres 1494
seinen Einzug in Rom, während sich der
Papst in die Engelsburg zurückgezogen
hatte. Nach geschlossenem Vertrage kam es
zu einer Begegnung zwischen den beiden
Herrschern in den vatikanischen Gärten, und
Pinturicchio mochte damals Zeuge sein der

Obedienzleistung Karls im Saal der Päpste, der feierlichen Messe in Sankt Peter und der Prozession nach San Paolo am 25. Januar, dem Feste von Pauli Bekehrung. Auf den Abzug des Königs nach Neapel folgten unruhige Wochen und Monate, und der Papst, um einer zweiten Begegnung mit dem König auszuweichen, zog sich zeitenweise von Rom nach Orvieto und Perugia zurück. Pinturicchio scheint in Rom nur noch die Ausfertigung des Breve abgewartet zu haben, welches ihm den Lohn für seine Arbeit endlich am 1. Dezember zuerkannte. Zu Anfang des Jahres 1496 befand er sich im heimatlichen Perugia. Am Hofe des mit politischen Sorgen und Geschäften überhäuften Papstes mochten sich damals nur geringe Aussichten für neue Aufträge bieten, und so ging der Meister am 14. Februar 1496 einen Kontrakt ein, durch welchen er sich verpflichtete, für das Kloster Santa Maria ira Fossi ein großes Altarwerk zu malen.

Da müssen ihn die Orvietaner an ältere und immer noch unerfüllte Verpflichtungen gemahnt haben; warteten doch die zwei Doktoren der Kirche in ihrer Kathedrale seit vier Jahren immer noch auf Vollendung. Pinturicchio nahm ihre Anträge an. Am 15. März ging er persönlich mit den Domvorstehern einen neuen Kontrakt ein, den er so pünktlich inne hielt, daß ihm schon am 25. April die Restzahlung für die zwei Doktoren überwiesen wurde. Geringere Aufträge folgten, aber eine kleine Zahlung unter dem 5. November desselben Jahres wurde schon in die Hände

eines Vertreters gelegt und außerdem bemerkt, daß der ausbedungene Lohn verringert sei, weil der Meister einen Gehilfen bei der Arbeit angestellt hatte. Pinturicchio hatte damals Orvieto längst den Rücken gekehrt, um nach Rom zurückzueilen, wo ihm die päpstliche Huld neue glänzende Aufträge verhieß.

Kümmerliche Reste eines heiligen Markus und eines heiligen Gregor ist alles, was heute an der rechten Chorwand des Domes von Orvieto von diesen dokumentarisch so wohl beglaubigten Malereien erhalten ist. Außerdem tragen einige Engel, obwohl sie arg restauriert sind, hoch oben im Querschiff umbrischen Stilcharakter, und ein Puttenpaar über dem Triumphbogen, welches in einer steinernen Umrahmung das Domwappen emporhält, scheint gar von Pinturicchio selbst gemalt. Hat er auch an die

Abb. 72. Die Madonna aus der Verkündigung. Schule Pinturicchios. Orvieto. Dom. Nach einer Originalphotographie von Anderson in Rom.

Abb. 74. Studie zu den Fresken in der Engelsburg. Paris. Louvre.
(Nach einer Originalphotographie von Giraudon.)

ist das Gesicht der Madonna (Abb. 72) und des Engels von solchem Liebreiz, daß man nur an Pinturicchio selber denken möchte, während in der Heimsuchung Marias die Mischung umbrischen Stils mit der alten Lokalschule von Orvieto ziemlich unerfreulich wirkt.

In denselben Jahren, in denen der junge Michelangelo zum erstenmal in Rom weilte und vom Kardinal Riario und dem verbannten Piero de' Medici in seinen Hoffnungen bitter getäuscht, froh sein mußte, als endlich der Abt von Sankt Denis die Pietà bei ihm bestellte, ruhte auf Pinturicchio der hellste Sonnenschein päpstlicher Gunst. Wahrscheinlich war eine neue Berufung nach Rom der Grund, warum er schon am 25. April seine kontraktlichen Verpflichtungen in Orvieto erfüllt hatte. Er wird damals gleich an das päpstliche Hoflager zurückgekehrt sein und die umfangreichen Arbeiten in der Engelsburg begonnen haben, die wenigstens schon zum größten Teil am 28. Juli 1497 vollendet sein mußten, wo ihrer der Camerlengo in einem päpstlichen Breve rühmend gedenkt.

Kaum hatte Karl VIII.

Restauration einiger halbzerstörter Chorfresken des Ugolino d'Ilario mit Hand angelegt, oder überließ er seinen Gehilfen allein dies wenig dankbare Geschäft? Jedenfalls wurden damals an der rechten Chorwand die Verkündigung und Heimsuchung (Abb. 71) in der ersten Reihe, die Darstellung im Tempel in der zweiten im Stil der umbrischen Schule restauriert. Die Darstellung im Tempel allerdings ist fast völlig zerstört, aber in der Verkündigung erkennt man aufs deutlichste, wie der Restaurator seine Figuren in den engen noch erhaltenen architektonischen Rahmen hineinkomponiert hat. Hier

Rom verlassen, so begann Alexander die Restauration und Befestigung des gigantischen Kaisergrabes, und es war bei dieser Gelegenheit, daß man die Kolossalbüste Hadrians an das Tageslicht förderte, die heute in der Rotunde des Vatikans aufgestellt ist. Eine ausführliche Denkinschrift sollte beim römischen Volke die Erinnerung an eine der großartigsten Restaurationen des baulustigen Papstes lebendig erhalten, aber mit den Laufgräben, dem Turm und den Forts ist sie längst zu Grunde gegangen, und nur noch einige halbzerstörte Borgiawappen und die beiden reizenden Engel hoch oben in der verwitterten Mauer nach der Tiber- seite hin bezeugen Alexanders Für- sorge um dies letzte Bollwerk des Papsttums in den Zeiten höchster Gefahr.

Vasari schei- det die Arbeiten Pinturicchios in der Engelsburg aufs klarste in zwei Gruppen und äußert sich darüber wie folgt: „Im Kastell Sankt An- gelo malte er un- zählige Gemächer mit Grotesken aus. Aber unten im Turm im Garten malte er Darstel- lungen aus dem Le- ben Papst Alexan- ders: hier por- trätierte er Isabella die Katholische, Niccolo Orsini, den Grafen von Pi- tigliano, Gian- giacomo Trivulzi und viele andere Verwandte und Freunde des Pap- stes und vor allem Cesare Borgia, sei- nen Bruder und seine Schwestern und viele tüchtige Leute seiner Zeit." Die von Vasari hier zuletzt ge- nannten Malereien im Turmgemach hat Pinturicchio zuerst begonnen, und auf diese allein bezieht sich jene Äußerung im Breve vom 18 Juli 1497. Die Gro- teskendekorationen

Abb. 71. Madonnenbild mit einem Borgia als Stifter. Valencia. Museum.

„in den oberen Gemächern", wie Vasari sich an einer anderen Stelle ausdrückt, werden erst in einem späteren Breve vom 16. Mai des folgenden Jahres erwähnt: sie konnten erst nach einer Pulverexplosion vom 29. Oktober 1497 entstanden sein, welche den ganzen oberen Teil der Festung zertrümmerte und auch den marmornen Engel herabschlug, das ehrwürdige Symbol einer alten Legende, welcher die Engelsburg ihren Namen verdankt. Heute forscht man in dem zur Kaserne umgewandelten Kastell vergebens nach Spuren der jahrelangen Thätigkeit des umbrischen Meisters. Alle Malereien Pinturicchios gingen hier zu Grunde; der Torrione ist längst dem Erdboden gleich gemacht, und die oberen Gemächer der Burg wurden schon unter Paul III. völlig neu dekoriert.

Über eine so empfindliche Lücke in den Werken Pinturicchios gerade als er auf der Höhe des Lebens stand, kann uns selbst der Umstand wenig trösten, daß Lorenz Behaim, der langjährige Truchseß des Rodrigo Borgia, die Inschriften kopiert hat, welche unter den einzelnen Fresken angebracht waren; ja wir dürfen behaupten, daß uns dieselben den Verlust dieser Malereien nur noch tiefer beklagen lassen. Die historische Wandmalerei, mit welcher Sixtus IV. zuerst im Spital von Santo Spirito einen schwachen Versuch gewagt hatte, wurde hier mit den glänzenden technischen Mitteln eines erfahrenen Meisters fortgesetzt, Episoden aus einem Papstleben geschildert, dessen innere und äußere Entwickelung noch heute wie ein psychologisches Rätsel erscheint, dessen Lösung eigentlich noch niemandem gelungen ist.

Die Köpfe römischer Imperatoren mit ihren Wahlsprüchen schmückten die Decke des Turmgemaches; sechs historische Darstellungen waren an den Wänden angebracht, und zwar hatte der Papst selber jene gefahrvolle Episode seiner Regierung gewählt, als Karl VIII. in Rom mit aller Kriegsmacht seinen Einzug hielt. Erwägt man die milden Vertragsbedingungen, welche der kluge Papst, der sich schutzlos, wie er war, vor dem siegreichen Franzosenkönig in die Engelsburg geflüchtet hatte, durch Schwanken und Festigkeit, durch Drohungen und Zugeständnisse endlich erreicht hatte, so konnte man allerdings selbst den Besuch Karls VIII. als einen politischen Erfolg

bezeichnen. Und mußte es nicht der Kunst Pinturicchios ein Kleines sein, solchen Erinnerungen jeden Stachel zu rauben und mit leuchtenden Farben in anmutigem Erzählerton als höchsten Triumph der Regierungszeit Alexanders VI. ein Ereignis zu preisen, das fast eine allgemeine Plünderung Roms und die Entsetzung des simonistisch gewählten Papstes zur Folge gehabt hätte?

Das erste dieser Fresken schilderte die Begegnung der beiden Monarchen im päpstlichen Garten, bei welcher Gelegenheit Karl VIII. andachtsvoll die Füße Sr. Heiligkeit küßte. Es folgte die Obedienzleistung im Saal der Päpste, wo der König in derselben demutsvollen Haltung erschien. Daran schloß sich die Erfüllung einer der Vertragsbedingungen, die Kreierung zweier französischer Kardinäle, und weiter sah man die feierliche Pontifikalmesse in Sankt Peter gerade in dem Augenblick geschildert, wie eben der König dem Papst das Wasser reichte. Demütigender noch für Karl VIII. und erhebender für Alexander VI. war die folgende Darstellung, wo vor der Prozession nach San Paolo der König Sr. Heiligkeit den Steigbügel hielt, was in Wirklichkeit allerdings nicht geschehen war, aber im Bilde sehr eindrucksvoll auf Mit- und Nachwelt wirken mußte. Endlich folgte der Abmarsch der französischen Truppen nach Neapel, und hier sah man Cesare Borgia und den Türkenprinzen Dschem Karl VIII. ein unfreiwilliges Geleite geben. Übrigens war diese Art, sich der Kunst zu bedienen, um die geistliche Macht des Papstes auf Kosten weltlicher Fürsten zu erhöhen, nicht mehr neu. Schon zu Anfang des Jahrhunderts hatte Spinello Aretino im Palazzo Pubblico zu Siena den Konflikt und die Versöhnung zwischen Friedrich Barbarossa und Alexander III. in ganz derselben Weise geschildert. Ja, der große Staufenkaiser spielt hier noch eine weit kläglichere Rolle, als sie dem schwächlichen Franzosenkönige von Pinturicchio zugemutet war. Nur kann man dem alten Sienesen die legendarische Ausschmückung historischer Thatsachen leichter verzeihen, weil dieselben damals schon mehr als 200 Jahre hinter ihm lagen.

Was gäben wir heute darum, den Freskencyklus des Bernardino Betti in der Engelsburg noch zu besitzen! Ein Blick auf die Disputation der heiligen Caterina im Ap-

partamento Borgia genügt ja, um uns einen
Begriff zu geben von ihrer Bedeutung für
Kultur- und Kunstgeschichte jener Zeit.
Pinturicchio, der uns heute als Porträtmaler
nur wenig bekannt ist durch die vatikanischen
Fresken, ein überaus fein charakterisiertes
Knabenporträt in Dresden und spätere
Arbeiten in Siena, wird Wunder geleistet
haben, als er Alexander malte, den Franzosen-
könig, Lucrezia Borgia und Cesare, den
Herzog von Gandia und den türkischen
Kronprätendenten und alle die weltlichen
und geistlichen Herren, die damals bei Sr.
Heiligkeit in Gnaden standen. Fürwahr
ein Bilderzyklus, der die Epoche Alexan-

16. Mai 1498 erteilte der Papst seinem
geliebten Sohne Bernardino für den auf-
gewandten Fleiß uneingeschränktes Lob, be-
willigte gnädig seine billigen Forderungen
und enthielt ihm die Anerkennung nicht vor,
daß seine Leistungen selbst den bedungenen
Lohn überträfen. Aber neue Aufträge erfolgten nicht, denn die persönlichen Bedürfnisse
Alexanders waren befriedigt, und es lag
nicht in der Art dieses Papstes, seine Schätze
für große gemeinnützige Zwecke, den Schmuck
von Kirchen etwa und öffentlichen Gebäuden
allzu sehr in Anspruch zu nehmen. Überdies trieben die maßlosen Herrschgelüste seines Sohnes Cesare den nachgiebigen Papst

Abb. 75. Freskogemälde über dem Denkmal des Erzbischofs von Ragusa. Rom. San Onofrio.
(Nach einer Originalphotographie von Anderson in Rom.

ders VI. besser illustrieren würde als ganze
Bände beschreibender Geschichtsbücher!

Als diese Fresken vollendet waren, hatte
Pinturicchio die Sonnenhöhe seines Ruhms
erreicht; die zahllosen Porträtdarstellungen
allein bezeugen das Einsetzen seiner höchsten
Kraft. Aber keine Phantasie vermag das
hier verloren Gegangene wiederherzustellen,
und die wenigen noch erhaltenen Zeichnungen
(Abb. 73) genügen nicht, um uns auch nur
von einem dieser merkwürdigen Wandgemälde
einen vollständig klaren Begriff zu geben.
Ebenso spurlos verschwanden die Grotesken-
malereien in den oberen Gemächern, durch
welche der Sieg dieser neuen Dekorationsweise
über die alte entschieden wurde. Sie müssen
am Hofe Alexanders das höchste Wohlgefallen
erregt haben, denn in dem Breve vom

auf gefährliche Bahnen; die Politik drängte
alle anderen Interessen zurück, und Pinturicchio mußte selber fühlen, daß der römische
Boden seiner Kunst kein Gedeihen mehr
versprach. Er erinnerte sich jetzt alter Verpflichtungen, die er für den Altarschmuck von
Santa Maria fra Fossi in seiner Heimat-
stadt eingegangen war, und so kehrte er
aus der päpstlichen Residenz, wo man lauter
und lauter unter dem Stierjoch zu seufzen
begann, in seine umbrischen Berge zurück.
Die guten Beziehungen zu den Borgia aber
setzten sich auch noch in späteren Jahren fort.
Als der gefürchtete Herzog von Valentino,
damals schon Herr von Imola und Forli,
im Herbst des Jahres 1500 die Romagna
im Krieg überzog, erschien Pinturicchio in
seinem Feldlager, eine Gunst zu erbitten,

Abb. 76. Detail aus dem Altarwerk von Santa Maria fra Fossi. Perugia. Pinakothek.
(Nach einer Originalphotographie von Gebr. Alinari in Florenz.)

Pflanze verglichen, die wächst und sich entwickelt und dann blüht, die der Sonne ihre Blumen öffnet und sie dem Winde verschließt, deren Blätter endlich herabfallen, eins nach dem anderen, bis der Stamm selber verwelkt und stirbt. Bei einer so gesetzmäßig natürlichen Auffassung der Entwickelungsgeschichte des Menschen ist allerdings alles Zufällige ausgeschlossen, der Einfluß der Seele auf den Körper, des Geistigen auf das Physische ist nur gestreift, aber damit ist die Geltung so einfacher Naturgesetze für alles, was sterblich ist, keineswegs ins Wanken gebracht. Für Pinturicchio und seine Kunst kann überhaupt kein besserer Vergleich gefunden werden, um das ruhige Fortschreiten seines Entwickelungsganges zu bezeichnen, in dem es keinen Rückschritt und keinen Stillstand gibt, in dem niemals Erschöpfung oder Ruhebedürfnis sich äußert, wo allerdings auch niemals jene Höhen erreicht worden sind, wo der Mensch ein Blatt im Buche des Lebens aufzuschlagen glaubt und sich als Mitwisser fühlt der unergründlichen Gedanken Gottes.

In der Darstellung eines Künstlerlebens wie das des Pinturicchio ist die einfache Aneinanderreihung der Thatsachen in historischer Folge die einzige Methode, welche sich bewährt. Man würde vergebens nach allgemeinen Gesichtspunkten suchen, seine Werke zu gruppieren, während uns die Chronologie derselben fast niemals im Stich läßt. Diese Malereien spiegeln auch nicht vereinzelte Züge der Geistesströmungen wieder, welche den Charakter einer Zeit bestimmen, und sie geben

nicht mehr und nicht weniger als ihm die Erlaubnis zu erwirken, in seinem Hause in Perugia eine Cisterne anlegen zu dürfen. Der allmächtige Papstsohn verfügte sofort die Genehmigung solcher Bitte und erklärte in demselben Schreiben, daß er den Pinturicchio, welchen er stets wegen seiner hohen Begabung geschätzt, wiederum in Dienst genommen habe und ihn in allen Dingen als einen der Seinen betrachtet wissen wolle. Aber weiteres ist auf diesen Erlaß nicht gefolgt, und es sollten Jahre vergehen, ehe Pinturicchio wieder in Rom erschien, als schon alle Borgia aus der Tiefe des Erdbodens ausgerottet waren, wie „gottverhaßte, den Menschen feindselige Geschöpfe".

VI.

In einem seiner tiefsinnigsten Sonette hat Shakespeare einmal den Menschen einer uns ebensowenig Aufschlüsse über das Seelen leben des Künstlers selbst. Durchweg fühlt sich das Auge vielmehr angeregt wie der Geist, denn es fehlt fast immer selbst den besten Arbeiten des Meisters der tiefere poetische Gehalt, die sittlich veredelnde Kraft. Aus der Welt der Geister bringen sie keine Offenbarungen mit, aber sie schildern mit unübertrefflicher Anmut und Treue das glänzende äußere Bild einer Kulturepoche, die auf Dichter und Denker stets geheimnisvolle Reize ausgeübt hat.

In solcher Art, sich als Künstler zu zeigen, spricht sich natürlich auch ganz von selber die allgemeine Veranlagung aus. Wir sehen, wie gleichmäßig bei Pinturicchio der Strom der Gedanken dahinfließt. Niemals Ebbe, niemals Flut! Selten fühlen wir eigentlich, daß ihm die Hand erlahmt, daß die Spannkraft seines Geistes nachläßt, aber ebensowenig kennen wir ein Werk, wo einmal der Gedankenstrom die Ufer überschwemmt hat, wo die Hand nur noch zitternd dem Fluge des Geistes zu folgen wagt und das endlich Geschaffene dem Schöpfer gegenüber steht wie etwas, das größer ist als er selbst. Die künstlerische Entwickelung des umbrischen Meisters hält mit der natürlichen gleichen Schritt, sie ist eben wie die Pflanze, welche wächst und blüht, verwelkt und stirbt.

Die wenigen Tafelbilder, welche Pinturicchio gemalt hat, bezeugen aufs klarste seine Entwickelungsunfähigkeit über die engen natürlichen Grenzen hinaus, sie sind aber auch zugleich die liebenswürdigste Episode seines ganzen Künst-

lerdaseins. Das Altarbild von Santa Maria fra Fossi, welche um die Wende des Jahrhunderts entstand, ist keineswegs das erste Tafelbild des Meisters; wie könnte auch eine so vollendete Leistung ohne ernste Vorstudien entstanden sein!

Ein reizendes Madonnenbild in englischem Privatbesitz, bei Lord Crawford, entstand wahrscheinlich, schon ehe er nach Rom kam, um mit Perugino in der Sistina zu malen; es ist eine unverfälscht umbrische Leistung voll kindlicher Anmut, aber im Ausdruck beschränkt. Das Kind steht auf dem Schoß der thronenden Mutter, die Rechte an ihre entblößte Brust gelegt, mit der Linken ihren Mantel fassend, und blickt noch einmal um sich, ehe es zu trinken beginnt. Es ist bekleidet wie die Christkinder des Ottaviano Nelli und des Gentile da Fabriano, trägt sogar über dem Hemdchen

Abb. 77. Mittelbild aus dem Altarwerk von Santa Maria fra Fossi. Perugia. Pinakothek. Nach einer Originalphotographie von Gebr. Alinari in Florenz.

noch einen bunten Shawl und um den Hals ein Korallenkettchen mit köstlichem Juwel daran. Maria ist noch befangen im Ausdruck und hält das Kind nur zagend auf ihrem Schoße fest, aber der tiefblaue Mantel, welcher zugleich als Kopftuch dient, umschließt in schön geschwungenen Linien die hohe Gestalt der Jungfrau, welche schon hier durch die keusche Zurückhaltung und die unbewußte Anmut bezaubert, welche auch alle späteren Madonnenbilder des Meisters verklärt. Zwei liebenswürdige Engel, denen die Heiligenscheine noch nicht ganz an der rechten Stelle sitzen, behüten und verehren Mutter und Kind, und hinter ihnen öffnet sich eine weite Hügellandschaft, wo sich in der miniatur-

artigen Behandlung der Einzelheiten und dem Mangel eines Tons und einer Stimmung der Anfänger zu erkennen gibt.

Im Museum von Valencia in Spanien wird heute ein Madonnenbild bewahrt, welches Pinturicchios Entwickelung fortsetzt (Abb. 74). Das Bild befand sich früher in Jativa, dem Heimatsort des Rodrigo Borgia, wo Francesco Borgia als Schatzmeister des Papstes in späteren Jahren in der Collegiata eine Kapelle erbaut hatte. Dies Bild entstand weit früher, aber das Borgiawappen, welches es schmückt, stellt den Zusammenhang mit einem der beiden Männer her, dessen Porträt wir auch in dem knieenden Stifter erkennen müssen, welcher nur mühsam noch in den engen Bahnen des Bildes hineingezwängt worden ist. Kann dieser Mann Rodrigo Borgia sein, von dem wir gleichfalls ein Profilporträt in seinen Papstgemächern kennen gelernt haben? Die ganz verschiedene Bildung der Nase, welche bei Alexander weit vorsteht und gebogen ist und den ganzen Charakter des Kopfes bestimmt, verbietet solche Annahme, und so werden wir hier wohl den Kardinal Francesco vor uns sehen, der damals noch päpstlicher Geheimkämmerer war.

Das Gemälde in Valencia gilt als Vorstufe zu einem ganz ähnlichen Madonnenbilde Pinturicchios im Dom von San Severino in den Marken, wo der kleine Christus in der Hand noch die Weltkugel hält und dabei den Stifter segnet, der betend vor ihm kniet. In Rom hat sich wenigstens oben in

Abb. 78. Madonna. Spello. Santa Maria Maggiore. (Nach einer Originalphotographie von Gebr. Alinari in Florenz.)

Abb. 79. Santa Conversazione. Spello. San Andrea.
Nach einer Originalphotographie von Gebr. Alinari in Florenz.)

San Onofrio über dem Grabmal des 1505 verstorbenen Erzbischofs von Ragusa ein wunderbar liebliches Freskobildchen erhalten (Abb. 75), welches in der Komposition mit ganz geringen, durch die räumliche Anordnung bedingten Abweichungen das Bild in Valencia wiedergibt und wohl von einem Schüler nach der Skizze des umbrischen Meisters ausgeführt worden ist. Zeigt sich im Stifterporträt des Votivbildes von Za-

tiva Pinturicchio schon als völlig selbständige Kraft, so gibt sich vor allem in dem Kinde noch ein unverkennbarer Einfluß des Gentile da Fabriano kund. Überdies ist das Bild noch ganz altertümlich auf Goldgrund gemalt, aber schon in der Erfindung von ganz unbeschreiblicher Anmut. Der Knabe, wie ein kleiner Prinz in Brokatgewänder gehüllt, ein goldgesäumtes Mäntelchen über der Schulter, steht auf einem Schemel und hat eben bei der Mutter den ersten Leseunterricht in einem mit schönen Miniaturen verzierten Buche, dessen Reihen er noch mühsam mit dem Griffel verfolgt. Maria hat die ernsten Augen mit einem Blick zärtlichster Mutterliebe auf ihr Kind herabgesenkt, auf dessen Schultern sie den rechten Arm geschlungen, während die Linke dem Knaben das Buch entgegenhält. Solche Zartheit der Empfindung, solch' eine eindringliche und doch noch schüchterne Formensprache, solch' einen rührend stillen Ausdruck verhaltener Bewegung wird man schwerlich in späteren Madonnenbildern des Meisters wiederfinden, und selbst nicht das viel gerühmte schon im Motiv nahe verwandte Tondo in den Borgiagemächern läßt sich in dieser Hinsicht mit ihm vergleichen. Im Gegenteil, es liegt eine ganze Welt zwischen diesen beiden Madonnenbildern, welche doch für dieselben Besteller gearbeitet wurden. Der Leseunterricht wird auch in diesem Rundbild (vgl. Abb. 59) fortgesetzt, aber weder Mutter noch Kind nehmen die Sache sonderlich ernst. Der Knabe, welcher statt des langen Brokatkleides hier ein kurzes Hemdchen trägt, blättert schon selbständig im Buche und scheint mit dem Zeigefinger die Stelle zu suchen, wo er das letzte Mal zu lesen aufgehört. Er ist ein prächtiger kleiner Junge, mehr Menschenkind als Jesusknabe, mit einem lieben, fröhlichen Gesichtchen, um das die krausen Locken spielen. Aber er ist ein verweltlichtes Christuskind! Maria, vielleicht die schönste Frauengestalt, die Pinturicchio jemals gelungen ist, nimmt an den Studien des lernbegierigen Knaben nicht mehr denselben Anteil wie vorhin, sie hat ihre herrlichen Augen zum erstenmal emporgeschlagen und blickt den Beschauer so milde lächelnd an, als wüßte sie nicht, daß ein Blick aus solchen Augen wohl die Sinne verwirren, nicht aber ein Menschenherz zur Andacht stimmen kann. Aus solchen Empfindungen mag die Legende der lästersüchtigen Römer entstanden sein, welche in dieser Madonna ein Bild der Julia Farnese erkennen wollten. Der Cherubskranz und die Heiligenscheine können in der That das Andachtsbild nicht retten, das zu einem reizenden Genrebild geworden ist. Man bringe diese holdselige Jungfrau, dies Ideal berückender Frauenschönheit, und ihren süßen

Knaben, den man lieber in Wald und Feld sich tummeln denkt, als bücherlesend im Arm der Mutter, mit Botticellis sinnenden Marienbildern, mit Michelangelos erhabenem Madonnenideal in Berührung, und man begreift sofort, warum sich das Volk gegen solche Verweltlichung des Göttlichen auflehnte, warum Savonarola damals von seiner Kanzel herab den Künstlern den Vorwurf ins Gesicht schleuderte, daß sie für ihre Marienbilder berühmte Frauenschönheiten als Modelle suchten, ja ihnen gelegentlich sogar die Züge ihrer eigenen Geliebten gäben.

Pinturicchio selbst ist im Altarwerk von Santa Maria fra Fossi, welches noch heute im Originalrahmen in der Pinakothek von Perugia bewahrt wird, wenigstens äußerlich wieder ganz zum Andachtsbild zurückgekehrt. Das wohlerhaltene, dreigeteilte Gemälde wird durch einen gefälligen Giebel gekrönt, dessen Eckvoluten mit reichem Grotteskenwerk verziert sind, während im Mittelbilde der leidende Christus im Grabe erscheint, die herabsinkenden Arme mit den durchgrabenen Händen von wehklagenden Engeln unterstützt (Abb. 76). „Sieh, Sterblicher, wie du erlöst bist," heißt es auf dem Architrav in monumentalen Buchstaben, „damit nicht das Blut des Lammes vergeblich für dich geflossen sei!"

Die Seitenflügel des Hauptbildes sind zweigeteilt; oben ist die Verkündigung dargestellt, und darunter erblickt man die heiligen Hieronymus und Augustin, denen an der Predella endlich die Miniaturbildchen entsprechen, wo Augustin dem Kinde begegnet, welches den Ocean ausschöpfen will, und Sankt Hieronymus sich in der Wüste kasteit. Jedes dieser Bildchen ist ebenso sauber in der Ausführung wie leuchtend in der Farbe. Maria und Gabriel sind zarteste Typen des umbrischen Schönheitsideals, die würdigen Heiligenfiguren, welche sich so eindrucksvoll vom dunkelblauen, goldgemusterten Grunde abheben, rühren uns durch ihre kindliche Befangenheit, welche alle Anfänge der Kunst verklärt.

Aber erst im Mittelbilde (Abb. 77) zeigt der Meister sein ganzes Können: hier erst sehen wir, welche Anmut sein Pinsel auszudrücken vermochte, über was für mannigfaltige Form- und Farbenreize er gebot. Der Idealtypus Marias ist derselbe wie im

Abb. 82. Die heilige Familie. Siena. Accademia delle belle arti.
Nach einer Originalphotographie von Gebr. Alinari in Florenz.

Appartamento Borgia, aber Maria fühlt sich hier unbelauscht: sie hat die Augen gesenkt und blickt in süßer Selbstvergessenheit auf das Kind herab, dem sie eben einen Granatapfel dargeboten hat. Mitten in lachender Landschaft thront sie auf ehrwürdigem Bischofssitz, ganz in den goldumsäumten Mantel gehüllt, der nur die Brust frei läßt, wo unter dem goldenen Saum am Halse ein köstliches Schmuckstück schimmert. Der Knabe, welcher seine Rolle als Christkind wieder aufgenommen hat, ist hier zum erstenmal fast nackend: nur ein Mäntelchen hat ihm Maria flüchtig über die Schulter geworfen. Er sitzt bequem auf einem Kissen im Schoß der Mutter und hat mit der Rechten das juwelenbesetzte Kreuz

des kleinen Johannes umfaßt, während die Linke nach dem Granatapfel der Mutter greift. Der Giovannino kam eben eilig dahergetrabt, welch ein Weltkind in der Wüste! Künstlich gekräuselte Locken, ein gelbes Mäntelchen mit schön verzierter Borte, welches das kleine Fell darunter ganz verdeckt, Sandalen mit Halbstrümpfen, deren breite Säume reiche Goldornamentik ziert — wie hätte man sich schwerer an der geheiligten Tradition versündigen können? Und doch verstummt jede Kritik vor diesem liebenswürdigsten aller Andachtsbilder, in dem man es der Mutter, dem Kinde und dem Giovannino ansieht, welche Freude sie am Leben haben.

Gelegentlich dieses Aufenthaltes in Um-

brien muß Pinturicchio auch die zwei kleinen
Madonnenbilder (Abb. 78) gemalt haben,
die heute noch an ursprünglicher Stelle in
Santa Maria Maggiore in Spello bewahrt
werden. Beide Gemälde haben ungefähr denselben künstlerischen Wert und sind im Typus
der Madonna und vor allem des hier schon
völlig nackten Kindes aufs engste verwandt.
Man merkt überdies, daß Pinturicchio auf
beide Gemälde, welche er für eine kleine
umbrische Landstadt gewiß gegen geringe
Bezahlung malte, nur wenig Zeit und Kraft
verwandt hat und vor allem die zierlichen
Einzelheiten aufgab, durch welche er sonst
immer den Beschauer zu fesseln wußte. Dagegen hat er, dem Sinn der frommen Land-
bewohner Rechnung tragend, den Charakter
des Andachtsbildes aufs stärkste betont, und
Maria erscheint hier eigentlich nur noch als
dienende Magd des segnenden Kindes.

Ebenfalls in dem von Olivenhainen halb
versteckten, malerisch an einen Felsabhang
sich anlehnenden Umbrerstädtchen Spello bewundert man noch heute in der Kirche des
heiligen Andreas an seinem ursprünglichen
Platz ein großes Altarbild Pinturicchios
(Abb. 79), das aber erst im Jahre 1504
entstanden ist und ein bedeutendes Nachlassen der künstlerischen Kraft des alternden
Meisters offenbart. Pinturicchio brachte auf
diesem Bilde auf einem besonders dazu auf-
gestellten Schemel die getreue Abschrift des
Briefes eines hohen Gönners an, des erwählten, aber später in den weltlichen Stand
zurückkehrenden Bischofs von Orvieto, Gentile Baglioni, der den Künstler in dringend-
sten Ausdrücken bittet, nach Siena heim-
zukehren, wo der mächtige Pandolfo Petrucci
seine Dienste verlange. Vielleicht sollte diese
Briefabschrift den guten Bürgern von Spello
beweisen, wie begehrt der Maler dieses Bildes sei, vielleicht fühlte er selber die Schwäche
des Machwerkes und wollte sich nun bei der
Nachwelt durch Zeitmangel entschuldigen.
Jedenfalls wird man die sonderbare Idee,
diesen Brief hier zu kopieren, kaum als
ein Symptom eitler Ruhmsucht gelten lassen
können, denn wer so viele Breven eines
Papstes aufzuweisen hatte und von Sixtus IV.
bis auf Julius II. allen Nachfolgern Petri
gedient hatte, wird die Bekanntschaft eines
Bischofs von Orvieto, selbst wenn er sich
Baglioni nannte, kaum so übermäßig hoch
angeschlagen haben.

Das Altarbild in San Andrea ist die
einzige sogenannte Santa Conversazione,
welche Pinturicchio gemalt hat, und als
Madonnenbild überhaupt seine umfangreichste
Komposition. Andreas und Laurentius, Ludwig von Toulouse und Franz von Assisi sind
diesmal die erwählten Thronwächter der
Jungfrau, welche ihren Herrscherfitz mitten
in freier Landschaft aufgeschlagen hat. Engel
und Cherubsköpfe schweben durch die Luft
zu ihr hernieder, und auf ihren Knieen, den
linken Fuß auf ihre Hand gestützt, steht das
auffallend erwachsene Kind, ein schöner Knabe
in der Art des Fiorenzo di Lorenzo. Der
Einfluß seines Lehrers gibt sich auch in der
Haltung Marias, in der durch leise Wehmut
gedämpften Stimmung von Mutter und Kind
aufs deutlichste kund, ja genau betrachtet
ist die Madonna von San Andrea weiter
nichts als die freie Wiederholung eines
reizenden Rundbildes des älteren umbrischen
Meisters in Perugia, welcher, indem er das
Christkind von vornherein nackt gebildet hat,
indem er dem Kinde, der Mutter und den
Engeln sogar den Heiligenschein versagte,
sich Freiheiten erlaubte, wie man sie den
Künstlern bis dahin im „grünen“ Umbrien
nicht gestattet hatte. Ist also die Madonna
Pinturicchios hier nur die schwache Wieder-
holung einer älteren Komposition, so ver-
raten auch die gleichmäßig angeordneten durch
ihre einförmige Andacht sich selbst und dem
Beschauer langweiligen Heiligen zu ihren
Füßen ein starkes Nachlassen künstlerischer
Kraft, welche auch die schönsten Farben und
der reichste Goldauftrag nicht verbergen kann.
Nur der Giovannino, der unten auf einer
Thronstufe kauert und fleißig auf ein breites
Spruchband sein Ecce agnus dei schreibt, ist
eine ganz originelle Schöpfung von reizender
Naivetät.

Einige Jahre früher als dies Altarbild
entstand wahrscheinlich in Siena, wo es
heute noch bewahrt wird, ein Tondo (Abb. 80),
welches gegenständlich ohne weiteres in die
Madonnendarstellungen Pinturicchios ein-
gereiht werden darf, obwohl es schon einen
Gedanken ausführt, der dem alten Marien-
ideal mit Vernichtung drohte und den der
Künstler in früheren Werken auch nur
schüchtern anzudeuten wagte. Das Verlangen, Maria aus dem Himmel auf die
Erde zu versetzen, die Paradieseskönigin zu
entthronen, die Frau und Mutter mit

irdischer Schönheit zu schmücken, mit tiefen
Gedanken und warmen Empfindungen zu
beseelen, wurde immer brennender bei den
Künstlern der vorwärts schreitenden Renaissance. Michelangelo — um nur ein Bei-
spiel zu wählen, an welchem sich die Sinnesrichtung Pinturicchios besonders klärt —
strebte vor allem nach einer Vertiefung des
Verhältnisses zwischen Mutter und Kind, er
opferte großen einheitlichen Seelenstimmungen
allen bestechenden äußeren Reiz, er verfolgte
mit zielbewußtem Streben das Ideal einer
Erniedrigung der Jungfrau im Fleisch und
einer wunderbaren Verklärung im Geist.
Pinturicchio verfolgte dasselbe Ziel der Ver-
menschlichung Marias in einer ganz anderen
Weise, die seine Sinnesrichtung aufs
treffendste charakterisiert, weil sie zu einer
Verweltlichung des Madonnenideales hätte
führen müssen, wenn nicht Raffael, der den
Faden weiterspann, das neue Gefäß mit
unvergänglichem Inhalt gefüllt hätte.

Schon in den Vorgiagemächern und im
Altarbild von Santa Maria fra Fossi schilderte
er ganz unbewußt Maria als die reizendste
aller Frauen, die sich sehr wohl mit Menschen unter Menschen freuen kann, wie auch
der Jesusknabe seine welterlösenden Pflichten
vergessen zu haben scheint, die ihn bis dahin
oft so sehr bedrückten. In der unsagbar
lieblichen heiligen Familie in Siena erscheint
zwar Maria selbst in einer leise nachdenk-
lichen Stimmung, als habe ihr das geöffnete
Buch, aus dem sie eben emporschaut, trübe
Dinge über die Zukunft ihres Kindes anvertraut, aber sie sitzt in schlichte Matronen-
gewänder gehüllt wie eine Frau des Volkes
mitten auf blumiger Wiese; der Mantel ist
zum erstenmal vom Kopf auf die Schulter
herabgesunken, und der Glorienschein, früher
ein glänzend goldener Teller, schwebt kaum
noch sichtbar über ihrem Haupt. Ein wenig
hinter ihr sitzt Joseph, ein Graubart wie
gewöhnlich in der traditionellen gelb und
blauen Tracht mit dem ebenso traditionellen
mürrischen Ausdruck im Gesicht. Er hält
ein Fäßchen Wein auf seinem Schoß und
eine große Semmel in der Rechten in der
Form, wie man sie noch heute in Italien
bäckt; zweifelsohne bereitet er die Mahlzeit
vor, und in einem der ersten Werke der
Renaissancekunst, in dem das Heilige genre-
haft behandelt ist, hat Pinturicchio allerdings in anmutigster Weise das gewöhnlichte

Bedürfnis des Lebens zum Motiv gewählt.
Man könnte dies Bildchen als eine Ruhe
auf der Flucht nach Ägypten gleichsam entschuldigen ohne den Giovannino, der hier,
wie sich's gebührt, sein kleines Fell zur Schau
trägt und reuevoll das Stutzermäntelchen
und die goldgestickten Halbstrümpfe zu Hause
gelassen hat. Eben hat er den zierlichen
Krug ergriffen, aus dem nahen Quell das
weinmischende Wasser zu schöpfen, und den
Christusknaben hielt es nicht mehr bei der
Mutter, die ihn lesen lehrte, er bat, das
Buch zu schließen und den älteren Gespielen
begleiten zu dürfen. Welch' eine Seligkeit
unschuldigen Kinderglückes! Wie eilig sie
es haben, den Auftrag auszuführen! Das
Christkind vor allem mit dem süßen Kinderangesicht, welches das schlichte goldene Haar
umrahmt, in dem lang herabfallenden weißen
Gewand, welches mit goldenen Sternen
besetzt ist, bezaubert durch sein holdseliges
Wesen, durch den kindlichen Eifer, wie er
den schwerfälligeren Giovannino mit sich
zieht. Noch hat die Zukunft ihre Schatten
nicht vorausgeworfen auf diese fröhlichen
Gesichter, nur in der Kleidung des Jesus-
knaben kündet sich zart und spielend sein
Beruf, die Menschheit zu erlösen, an, wenn
er auf der Brust und über dem Saum
des Kleides die viereckigen goldgestickten
Einsätze trägt, das Abzeichen der hohen-
priesterlichen Würde im Alten Testament.
Niemals wieder hat Pinturicchio für die
zartsinnigsten Gedanken eine so liebliche
Form gefunden, niemals wieder hat er die
Gedankenkreise seines Freundes und Gehilfen
Raffael so nahe gestreift. Ja, wenn man
bedenkt, daß dies Bildchen in Siena entstand, wo Meister und Schüler zusammen
in der Libreria der Piccolomini thätig
waren, so drängt sich ganz von selbst die
Frage auf, ob nicht Raffael, der Hohepriester
des Madonnenkultus unter den Künstlern,
schon hier dem phantasiearmen Pinturicchio
erlösende Gedanken gab.

Das Madonnenbild ist fast bei jedem
Renaissancekünstler der Stoff gewesen, an
dessen Gestaltung er zuerst seine Kraft versucht hat, es ist der Prüfstein und oft der
Genius seiner Kunst, der ihn durchs Leben
geleitet. Erst in späteren Jahren wagt er
sich in der Regel an größere Kompositionen
aus dem Leben Marias, an das Sposalizio,
die Himmelfahrt und die Krönung durch

den Sohn. Gewiß wurde solche Entwickelung durch äußere Umstände gefördert, aber es tritt ein inneres Moment hinzu, welches es uns erklären muß, daß den gereiften Künstler ein Stoff wie die Krönung Marias oder ihre Himmelfahrt oft so tief innerlich erfaßte. Es liegt ein tiefer Sinn in der Thatsache, daß Raffael, der dort begann, wo die anderen aufgehört, einen visionären Zug schon in verhältnismäßig jungen Jahren zur Schau trägt, daß ihm eine Krönung Marias schon gelang, als er noch ganz in den Bahnen Peruginos wandelte, daß ihm der Pinsel entsank, als er die Hand an die Verklärung Christi gelegt, erschöpft und aufgerieben durch das Sichversenken in die letzten Probleme nach dem alten Gesetz, daß jeder sterben muß, der das Göttliche geschaut.

Wenn die Höhen des Lebens erreicht, wenn die gemeine Not des Daseins überwunden und der gewöhnliche Ehrgeiz gestillt ist, so richten sich die Blicke häufiger hinüber in „jenes unbekannte Land", und die Fragen an das Jenseits werden dringender. Goethe verfaßte, als die goldene Glut des Sonnenunterganges seine Stirn umspielte, die letzten Akte des Faust, in denen das Erlösungsbedürnis des Olympiers einen so ergreifenden Ausdruck findet, Michelangelo hat auch als Dichter sein Heimweh laut werden lassen nach dem Anblick der Herrlichkeit Gottes, am sehnsuchtsvollsten vielleicht in den kurzen Versen:

Gedanken zahllos schweifend in die Weite,
Sie sollten in der letzten Frist auf Erden
Zu einem einzigen Gedanken werden,
Daß dieser mich zur ew'gen Klarheit leite!

Selbst bei einem so äußerlich veranlagten Künstler, wie Pinturicchio es war, kann sich im Laufe eines arbeitsvollen Lebens leise und fast unbewußt einmal jene weltflüchtige, himmelssehnsüchtige Stimmung äußern, welche Botticelli gerade damals zum Studium und zur Illustration seines Dante führte. Ja, es weckt in uns ein wärmeres Interesse, ein mitfühlendes Verständnis für den umbrischen Meister, der im Dienst der Borgia seine beste Lebenskraft verschwenden mußte, den Vasari so einseitig beurteilt, wenn wir hören, daß auch in seiner Kunst leise nur und flüchtig, aber dem feineren Ohr wohl verständlich tiefere Accorde anklingen, daß auch in seiner Seele ein ideales Streben lebte, welches nur durch

die Schnellmalerei in den römischen Palästen im Keime erstickt und allmählich erstorben war. Nach Umbrien zurückgekehrt, wird Pinturicchio ein anderer Mann: es ist, als teilten sich ihm aus dem Boden der Heimat neue geheimnisvolle Kräfte mit, und seine Kunst nimmt auf einmal eine idyllische Färbung an. Die Fresken in Santa Maria Maggiore in Spello bieten dafür die Belege, aber auch in den visionären Marienbildern seiner späteren Jahre gibt sich deutlich eine aufsteigende Entwickelung kund.

Allerdings ist die Krönung Marias in der vatikanischen Bibliothek, welche Pinturicchio im Jahre 1505 für das umbrische Landstädtchen Umbertide gemalt hat, bis heute sehr überschätzt worden, denn der trübe Firniß, mit welchem man die leuchtenden umbrischen Farben getränkt hat, kann die grobe Mache des Ganzen nicht mit entschuldigen. Ja, man überzeugt sich bald, daß Bernardino die ganze untere Hälfte des Bildes Schülerhänden überließ und nur die Hauptgruppe der Krönung selbst gemalt hat.

Zwei knieende Lokalheilige, ein Kardinal in rotem und ein Bischof in blauem Pluviale, bilden die Grundpfeiler der Komposition. Hinter ihnen sieht man links den heiligen Bernardin, rechts den heiligen Antonius, während der umbrische Nationalheilige Franz von Assisi die ganze Mitte des Bildes behauptet. Erst über ihm erscheinen in gedrängter Schar die zwölf Apostel, beschränkt im Ausdruck, befangen in der Bewegung mit auffallend schlecht gezeichneten Händen und schwunglos geworfenen Mänteln. Nur die beiden bartlosen Köpfe links verraten tiefere Empfindung und tragen mehr Raffaels als Pinturicchios Gepräge.

Die Krönung Marias allein in der mit vergoldetem Stuckwerk verzierten Mandorla ist von Pinturicchio selbst gemalt und erfreut durch eine tiefe, gehaltene Empfindung. Der Typus Marias ist die direkte Fortsetzung der Madonna von Valencia, während der streng blickende Christus selbst in der rötlichen Färbung von Bart und Haar an den Täufer in der Sixtina erinnert. Die Wertschätzung des ganzen Werkes wird am leichtesten durch einen Blick auf Raffaels Krönung Marias erlangt, die an derselben Wand nicht weit entfernt angebracht ist; solche Vergleichung bestätigt aber auch zugleich die Annahme, daß Pinturicchio selbst

Abb. 81. Die Himmelfahrt Marias. Neapel. Museum.

für die ganze untere Gruppe nicht verantwortlich gemacht werden darf.

Auch das von Vasari ausdrücklich unter
den Tafelgemälden Pinturicchios erwähnte
Altarbild von Monte Oliveto bei Neapel,
heute ebendort im Museum bewahrt (Abb. 81)
befindet sich leider in wenig erfreulichem
Zustande. Das Porträt des Künstlers hier
— der fünfte Apostelkopf von links — stimmt
so auffallend mit seinem Selbstbildnis in
Siena überein, daß man hieraus Schlüsse
auf die Entstehungszeit des Bildes machen
darf, welches gleich nach der Beendigung
der Libreriafresken gemalt worden sein muß.
Aber wenn auch die Farbentöne blaß und
stumpf geworden sind, so fühlt man sich
doch sofort vor einer eigenhändigen bedeutenden Leistung des Bernardino Betti.
Die Himmelfahrt Marias wird schon hier
zu einer strahlenden Vision, welche die
Apostelschar ohne Erschrecken hinnimmt, wie
ein längst erwartetes Ereignis, das sie selbst
mit stiller, süßer Himmelssehnsucht erfüllt.
Nur Thomas ist von Empfindungen über-
wältigt auf die Knie gesunken, die Spende
der Madonna, ihren Gürtel, über den betend
erhobenen Händen emporhaltend.

Von musizierenden und anbetenden Engeln
umringt, schwebt Maria über den Häuptern
ihrer treuen Ritter leise und langsam zum
Himmel empor. In ihre irdischen Gewänder
gehüllt, die Hände betend erhoben, steht sie
auf leichtem Gewölk in der von Cherubim
umkränzten Mandorla, und den höchsten
Triumph ihres Lebens läßt sie mit tiefster
Demut über sich ergehen.

Mag das Mariengemälde Pinturicchios,
welches wir heute im entlegenen Bergstädtchen
San Gimignano aufsuchen müssen (Abb. 82),
vor oder, was wahrscheinlicher, nach der
Himmelfahrt in Neapel entstanden sein, nach
Form und Inhalt bildet es den Abschluß
der Entwickelung des Meisters als Madon-
nenmaler. Wie seinem Zeitgenossen Ghirlandajo im Altarbilde von Santa Maria
Novella eine letzte höchste Verkörperung seines
Ideals der Gottesmutter gelungen war, ehe
ihn ein plötzlicher Tod dahinraffte, so hat
auch Pinturicchio in dem herrlichen Bilde von
San Gimignano zuletzt noch den vollendeten
Ausdruck gefunden für eine Vision der Jungfrau, wie sie keine fromme Tradition überliefert hatte, sondern wie er sie im Geiste
selber schauen und schöpferisch gestalten mußte.

Mitten in einsamer Landschaft auf
grünem Wiesenboden sehen wir zwei ergraute
Diener Gottes knieen, denen sich Maria in
himmlischer Erscheinung offenbart. Jene
stille Sonntagsstimmung verklärt die Natur,
die das alte Sonntagslied mit so schlichten
Worten geschildert hat:

> Das ist der Tag des Herrn,
> Ich bin allein auf weiter Flur,
> Noch eine Morgenglocke nur,
> Nun Stille nah und fern . . .

Links kniet ein heiliger Papst mit den
Gesichtszügen Pius' II., rechts in schnee-
weißem Ordenskleid ein heiliger Bischof, den
Hirtenstab im Arm. Ihre leuchtenden Augen
blicken zur Jungfrau empor, die mit betend
erhobenen Händen und huldreich gesenktem
Blick leise vom Himmel hernieder schwebt:

> Höchste Herrscherin der Welt,
> Lasse mich im blauen
> Ausgespannten Himmelszelt
> Dein Geheimnis schauen!
> Billige, was des Mannes Brust
> Ernst und zart beweget
> Und mit heiliger Liebeslust
> Dir entgegenträget!

Mit diesem Hymnus in Farben, dessen
poesievolle Stimmung nur ein Dichterwort
poetisch schildern kann, hat sich Pinturicchio
in der That — nicht selber übertroffen —
aber in der Beschränkung als Meister gezeigt. Seine höchste Leistung als Madonnen-
maler reicht nicht entfernt hinan zu jener
jungfräulichen Mutter, zu jener Königin der
Geister, welche Raffael in der Sixtinischen
Madonna geschaffen hat, seine Heiligen sind
noch nicht von so glühender Empfindung
getragen, wie die das Wesen des heiligen
Sixtus durchzittert, aber höchste Sehnsucht,
vollkommenste Seligkeit klingen doch leise
auch in dieser süß geheimnisvollen Schöpfung
an, sie bewegen unsere Seele wie das Läuten
ferner Sonntagsglocken in einsamer Natur,
so daß wir niederknieen möchten, mit Papst
und Bischof, in der Gnadenreichen das Aller-
heiligste im Leben anzubeten, das wir nicht
nennen und bekennen können.

VII.

Perugino hatte eben seinen großen Freskencyklus in der Wechslerhalle des nahen
Perugia vollendet, als Pinturicchio im Auf-
trage des päpstlichen Pronotars Troilo

Abb. 82. Eine Erscheinung Mariäs. San Gimignano. Stadthaus.
(Nach einer Originalphotographie von Gebr. Alinari in Florenz.)

Baglioni in Santa Maria Maggiore in Spello eine kleine Kapelle auszumalen begann. Sein geistlicher Gönner, der Sproß eines der stolzesten Geschlechter in ganz Umbrien, war damals Prior der Kollegiatkirche, aber noch in demselben Jahre 1501, in welchem Pinturicchio seine Fresken vollendete, wurde er auf den Bischofsstuhl von Perugia erhoben.

Infolge der zunehmenden Feuchtigkeit der Mauern, gegen welche man bis heute kein wirksames Mittel gefunden hat, gehen nicht mehr bewegungsfähig sind. Drei nach oben durch einen Rundbogen geschlossene Mauerflächen bot die Kapelle für größere Kompositionen dar, die gewölbte, tiefblaue Decke wird durch breite, mit buntem Grotes-

die Malereien der „Capella bella", wie sie der Volksmund nennt, einem schnellen Verfall entgegen; überdies sind sie nicht hell genug belichtet, besonders wenn, wie das wohl vorkommen kann, die Vorhänge an den Fenstern der etwas verwahrlosten Kirche kenwerk verzierte Gurte in vier Dreiecksfelder geteilt, in denen vier Sibyllen thronen, die Eritrea (Abb. 83), Europea, Tiburtina und Samia. Wie die freien Künste im Appartamento Borgia haben diese jugendlich schönen Frauen, in ein reiches Zeitkostüm gehüllt, auf monumentalen Marmorsitzen Platz genommen, schreibend und lesend in ihre Bücher vertieft. Phantastische Altäre füllen rechts und links die Dreieckfelder aus, und gestellt, in heute verblaßter, einmal gewiß wunderbar leuchtender Farbenpracht. Pinturicchio hat — wir wissen nicht warum — mit der letzten Darstellung zuerst begonnen.

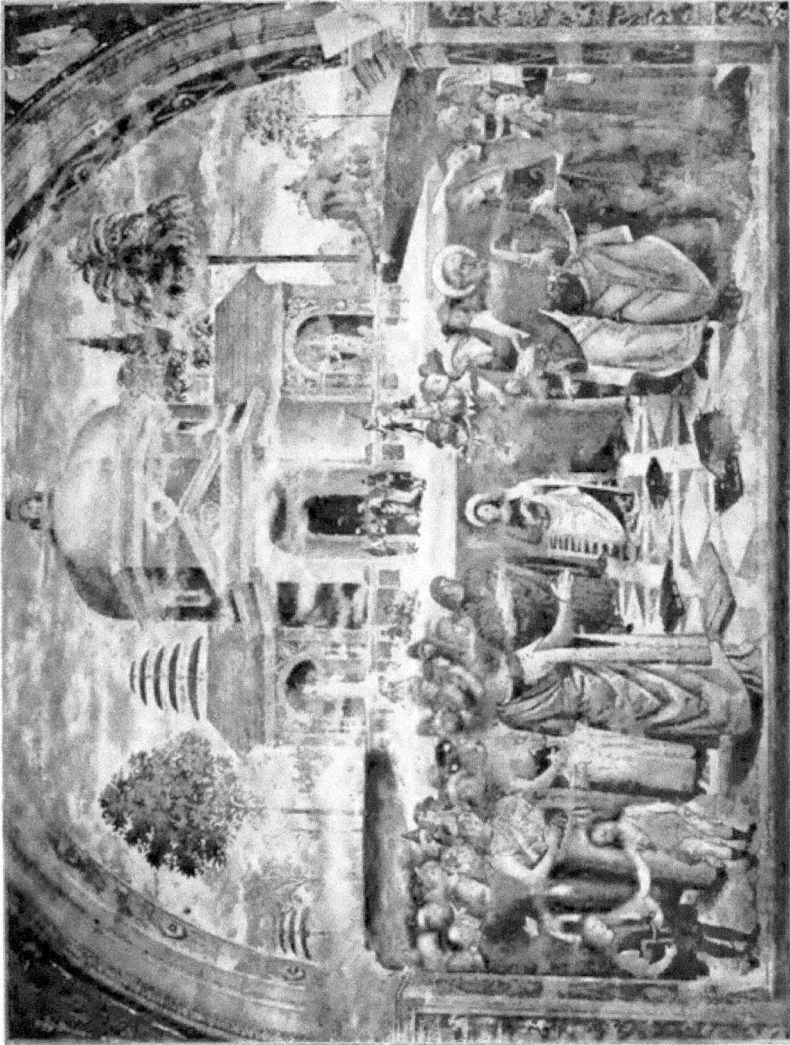

Abb. 81. Christus unter den Schriftgelehrten. Spello. Santa Maria Maggiore.
(Nach einer Originalphotographie von Gebr. Alinari in Florenz.)

hier prangen in Stein geschrieben die Weissagungen einer jeden, welche das Kommen des Weltheilandes verkündigen, heute aber zum Theil unleserlich geworden sind.

Verkündigung, Geburt und Disputation im Tempel sind an den drei Wänden dar-

Die Disputation des kleinen Jesus mit den Schriftgelehrten (Abb. 81) erinnert noch an meisten an römische Kompositionen, an die Disputation der heiligen Caterina, an das Begräbnis des heiligen Bernardin, und bei der Vorliebe des Meisters für Natur-

7*

ſchilderungen, für großräumige Flächen und
recht viel Menſchengedränge kann es nicht
wunder nehmen, wenn er auch die Tempel-
ſcene kühn auf einen freien Platz vor dem
Tempel verlegt hat. Das große Heiligtum
von Jeruſalem, ein ſchöner Centralbau nach
älteren Muſtern entworfen, mit einer Statue
der Flora links, der Minerva rechts in
den geräumigen Niſchen bildet den ge-
ſchloſſenen Hintergrund für die auffallend
geſetzmäßig komponierte Schilderung der
Disputation. Der kleine Jeſus ſchreitet
mitten durch die Schriftgelehrten hindurch,
wie die heilige Caterina ſeine Beweisgründe
an den Fingern herzählend, während alle
die Weiſen um ihn her ihn zu kontrollieren
und zu widerlegen verſuchen. Von links
her drängt ſich ein neugieriger Menſchen-
hauſe heran, und etwas abſeits von der
Menge erſcheint im Vordergrunde ein würdiger geiſtlicher Herr, wahrſcheinlich Troilo
Baglioni ſelbſt. Vielleicht iſt auch der
Knabe ganz links ein Sproß des alten
Geſchlechtes, der mit „friſch gewaſchenem
Morgengeſicht“ ein großes Buch unver-
dauter Weisheit mit ſich ſchleppend, wie
eine Schnecke unwillig in die Schule ſchleicht
und von einem eifrigeren Genoſſen, vielleicht
einem kleinen Schutzheiligen, am Ärmel mit
fortgezogen wird. Rechts nahen ſich Joſeph
und Maria, edle, ganz von Pinturicchio
ſelber ausgeführte Idealgeſtalten (Abb. 85).
Eben ſind die Eltern des ſchmerzlich geſuchten
Knaben anſichtig geworden, und der zorn-
mütige Joſeph möchte ihn ſofort aus dem
Kreiſe der Schriftgelehrten mit nach Hauſe
nehmen, aber Maria hält den Gatten ſanft
am Gürtelbande zurück, die eifrige Disputation zu ſtören. Die Karikatur des
alten Weibes hinter ihr iſt uns bekannt:
Pinturicchio hat denſelben Kopf ſchon bei
der Beſtattung des heiligen Bernardin verwandt, wie ſich auch in den Schriftgelehrten
mancherlei Anklänge an die Disputation der
heiligen Caterina wiederfinden.

Unendlich viel reizvoller als dies figurenreiche Fresko iſt die Anbetung der Hirten
(Abb. 86) behandelt, trotz der mangelhaften
Kompoſition und der unglücklichen Verteilung
der Figuren in ein großes Landſchafts-
gemälde. Aber Pinturicchio hat ſich hier
ſchon ganz vom Ballaſt römiſcher Erinnerungen frei gemacht, er hat in der Heimat
ſich ſelber wiedergefunden und ſchildert die

Verehrung des Kindes durch die Mutter,
die Engel und die Hirten auf dem grünen
Wieſenboden in der weiten fröhlichen Landſchaft mit all dem Zauber umbriſcher
Naivetät. Kaum ein anderes Gemälde des
Meiſters verfügt über ſo mannigfache Reize
der Natur; hier erſt ermeſſen wir den Ver-
luſt der Städtebilder in den Loggien des
Belvedere. Im fernen Hintergrunde ruht
geheimnisvoll ein blauer See von ſteil
abfallenden Ufern begrenzt, ein phantaſtiſches
Städtchen iſt im Mittelgrunde am Fuße
eines allmählich anſteigenden Gebirges aufgebaut, und davor hebt ſich ein einziger
Cypreſſenbaum mit goldenen Früchten aus
dem niederen Gebüſch empor. Gleich daneben, mehr im Vordergrunde, türmen ſich
die für Pinturicchio ſo charakteriſtiſchen,
übereinander gelegten Felsmaſſen auf, von
welchen eben der Troß der heiligen drei
Könige den beſchwerlichen Abſtieg genommen
hat. Rechts ſteht die Hütte von Bethlehem,
deren Strohdach auf antiken Pfeilern ruht,
welche zum Teil mit Epheu überſponnen ſind.
Hier hat eine Schwalbe am Kapitäl ihr Neſt
gebaut, ein fetter Kapaun ſpaziert behaglich
auf dem Dach herum, Vögel ſuchen im auf-
geſpeicherten Stroh nach verborgenen Körnern,
und gleichmütig blicken Ochs und Eſel über
die Hürden hervor.

Die Anbetung des Kindes aber mußte
natürlich unter freiem Himmel geſchehen,
in einem blühenden Gottesgarten, wo Lilien
und Roſen ſprießen, wo ein junger Feigen-
baum ſchon die erſten Früchte gezeitigt
hat und üppiges Myrtengebüſch am Boden
wuchert. Das Chriſtkind, von betenden
Engeln behütet, liegt weich gebettet auf
der grünen Erde und ſtreckt verlangend die
Ärmchen zu ſeiner ſchönen Mutter (Abb. 87)
empor, welche, ganz in den Anblick ihres
Erſtgeborenen verſunken, vor ihm auf die
Knie geſunken iſt und ihre Wonne durch
Gebet bemeiſtert. Hinter ihr ſteht Joſeph,
den gewaltigen Stecken in der Rechten, die
Linke ſtaunend erhoben, von dem Wunder,
welches oben in der Luft die Engel durch
das Gloria in Excelsis verkündigen, weniger
innerlich ergriffen, wie ſelbſt die frommen
Hirten, die einer nach dem anderen nieder-
gefallen ſind, den Heiland der Welt zu begrüßen. Ihr Führer iſt ganz feſtlich an-
gethan und trägt über dem Wams einen
gelben, bunt geſtickten Shawl. Er kam mit

leeren Händen, aber in tief versunkenem
Gebet bringt er dem Christkinde sein Herz
als Opfergabe dar. Weit weniger ernst
nimmt es sein Begleiter, ein rechter Conta-

strebenden Widder als Weihnachtsgabe herbei, während hinter ihm schon die Könige
mit köstlichen Geschenken nahen, Weihrauch,
Myrrhen und Gold!

Abb. 83. Detail aus der Disputation Christi mit den Schriftgelehrten. (Nach einer Originalphotographie von Gebr. Alinari in Florenz.)

dino mit struppigem Haar und einem großen
Korb frischer Eier auf den Knieen: es ist
alles, was er geben kann. Der folgende
Hirte ist kaum noch erkenntlich, aber der
letzte zieht an den Hörnern einen wider-

Auch in der Verkündigung (Abb. 88),
dem letzten der großen Wandfresken, zeigt
sich Pinturicchio von seiner besten Seite.
Hier konnte er uns unmöglich auf das freie
Feld führen, aber die Vorstellung eines

engen Stübchens mit dem jungfräulichen Bett und dem Betschemel der frommen Maria, wie es die Florentiner Meister so anmutig zu schildern wissen, fand in seiner gebaut wir das Städchen Spello selber zu entdecken meinen, mit seinen mittelalterlichen Befestigungstürmen, seinen engen Straßen und Häusern und einer trotzigen Burg.

Abb. 36. Die Anbetung der Hirten. Spello. Santa Maria Maggiore. - Nach einer Originalphotographie von Gebr. Alinari in Florenz.

Phantasie nicht Raum. Eine prächtige Renaissancehalle thut sich auf, und wenigstens durch die hohen Arkadenbögen an einem lustigen Ziergarten vorbei erschließt sich ein weiter herrlicher Blick auf ein nahes Gebirge, an dessen Abhang malerisch auf- ganz in der Höhe. Reiches Groteskenwerk verziert die Pfeiler, und mitten dazwischen, am Pilaster rechts, entdeckt man die Jahreszahl der Vollendung des Werkes 1501 auf einem Spruchtäfelchen angebracht. Gleich daneben, unter einem Vortbret mit der

bescheidenen Bibliothek der Jungfrau und
einigen Gebrauchsgeräten des täglichen Lebens,
hat Pinturicchio nach dem Vorgange Peruginos im Cambio sein eigen Bildnis auf-
gehängt in einfachem Rahmenwerk auf blauem
Grunde gemalt, mit der Inschrifttafel darunter: Bernardinus Pictoricus Perusinus.
von welcher eine Kette
roter Korallen mit
den Malutensilien
des Meisters daran
herniederhängt. Er
trägt eine schwarze
Kappe auf den lang
herabfallenden brau-
nen Haaren und ein
schwarzes offenes
Wams, während sein
Meister in Perugio,
der eben in den
Magistrat seiner
Vaterstadt gewählt
war, auf seinem
Selbstporträt in der
Wechslerhalle das
aristokratische Schar-
lachkäppchen trägt.

Den Lilienstengel
in der Linken, die
Rechte segnend er-
hoben, begrüßt der
himmlische Bote
(Abb. 89) mit ehr-
furchtsvoller Knie-
beugung die Gebene-
deite unter den
Frauen. Ebenso ehr-
erbietig empfängt
Maria den Gruß von
ihrem Lesepult zu-
rücktretend, die Lek-
türe des Gebetbuches
unterbrechend, den
Blick keusch und

unendlich anmutig geäußerte Gedanken; Rede
und Gegenrede dieser beiden schönen Wesen
konnten überhaupt nicht empfindungsvoller
zur Darstellung gebracht werden.[1]

Wäre Pinturicchio auf den Bahnen
fortgeschritten, die er in Spello betreten
hatte, seine Kunst hätte vielleicht noch eine
eigenartige, rein umbrische Nachblüte er-
lebt. Aber sein Geschick trieb ihn wieder
in die Welt hinaus, obwohl seine Mit-
bürger ihn zu Hause zu halten suchten, indem sie ihn am 1. April 1501 in den Rat

schüchtern zur Erde gesenkt. Von oben sendet
Gott Vater selbst die Taube des Geistes herab,
welche die Jungfrau mit göttlichem Odem an-
weht, in deren Mienen und Bewegung sich die
Worte ausdrücken: „Ich bin die Magd des
Herrn, mir geschehe, wie du gesagt hast.“
Die gefaßte Demut Marias, das rührende
Kinderangesicht des Engels mit den wehen-
den Locken, dessen geöffnete Lippen eben das
Ave Maria sprechen, sind zart empfundene,

[1] An dieser Mauerwand ließ man das ehrwürdige Sgraffitto eines deutschen Wandersmannes:
Allzeit fröhlich ist unmöglich.
M. Werner,
1557 die augusti 13.

der zwölf in seiner Vaterstadt erwählten. Er sollte noch einmal wieder in Rom seinen Pinsel in den Dienst der Päpste stellen, er sollte noch in Siena eine letzte große Schöpferthat vollbringen. Das einfältige, umbrische

letzte Kraft versuchen sollte, mußte von selber die stolzen, römischen Erinnerungen in ihm wachrufen, alle die Bilder höchsten Erdenglanzes neu beleben, an denen sich sein farbenfroher Sinn so oft gelabt haben mag.

Schönheitsideal, dessen Verwirklichung der Meister in Spello so redlich angestrebt hatte, schwand wie ein Traum aus seiner Seele, als in Rom wieder große dekorative Aufgaben an ihn herantraten, und die historische Wandmalerei, an welchen er seine

VIII.

Schon im Frühling des Jahres 1472, kaum ein Jahr nach seinem Regierungsantritt, hatte Sixtus IV. den Neubau von Santa Maria del Popolo an der Porta Flaminia begonnen, der nach fünf Jahren

endlich vollendet war.
Der Papst erkor diesen
neuen Tempel der
Gottesmutter sehr bald
zu seiner Lieblings-
andachtsstätte, und an
jedem Sonnabend,
wenn das Wetter heiter
war und seine Gesund-
heit es erlaubte, wall-
fahrtete der Greis zum
Altar der Madonna
del Popolo, hier zu
beten. Alle Erfolge
einer an jähem Glücks-
wechsel überreichen
Regierung fanden in
dieser Kirche freudigen
Wiederhall, und in ge-
fahrvollen Zeiten ent-
lastete Sixtus hier der
Madonna sein Herz.
Am 8. September
1480, dem Geburts-
fest der Jungfrau,
überreichte der Papst
seinem gefürchteten
Nepoten Girolamo
Riario in Santa Ma-
ria del Popolo die
Insignien als Gon-
faloniere der Kirche
unter ungeheurem An-
drang des Volkes; in

Abb. 89. Der Verkündigungsengel. (Nach einer Originalphotographie von Gebr. Alinari in Florenz.)

dem folgenden Jahre brachte der Nachfolger Petri hier seine Dankopfer dar für die durch den plötzlichen Tod Mahomeds II. glücklich abgewandte Türkengefahr, und als nach der Schlacht von Campo Morto durch einen glorreichen Sieg über den Thronfolger von Neapel der päpst-liche Stuhl aus weit größeren Ängsten be-freit war, begab sich Sixtus wiederum in feierlicher Prozession mit Kardinälen, Prä-laten und der ganzen Kurie in das Sanktu-arium an der Piazza del Popolo, um dort die Himmelskönigin für die Errettung Roms zu preisen.

Auch die Borgia haben für diese Rovere-stiftung immer besonderes Interesse an den Tag gelegt, und noch heute ist der herrliche Marmoraltar erhalten, den Rodrigo Borgia schon im Jahre 1473 für ein wunderthätiges Madonnenbild nach Santa Maria del

Popolo gestiftet hatte; aber ein Altar-gemälde, das einst die Kapelle der heiligen Lucia schmückte, wo man Alexander VI. und seine Kinder in anbetender Haltung erblickte, ist spurlos verschwunden.

Julius II. setzte dann endlich in der großartigen Weise, die alle seine künstleri-schen Unternehmungen auszeichnet, das Werk des Oheims fort, er baute die achtseitige, von einer Kuppel überwölbte Chorkapelle, wie es heißt, nach Zeichnungen Bramantes und schmückte das Innere derselben mit Freskogemälden, Glasmalereien und monu-mentalen Grabdenkmälern.

Aus der wohlerhaltenen, in Travertin erbauten Fassade spricht uns noch heute der ernste Geist der Frührenaissance ent-gegen, und langatmige Inschriften rechts und links vom Haupteingang preisen die

väterliche Fürsorge Sixtus' IV. für seine
Lieblingskirche, aber im Inneren haben
spätere Restaurationen, vor allem unter
Alexander VII., den einheitlich strengen
Charakter des Baues vollständig zerstört.
Wir müssen uns aus der barocken Ver-
wirrung des Mittel- und der Seitenschiffe
in die Kapellen flüchten, wollen wir den
Spuren der Rovere in ihrer eigenartigsten
kirchlichen Stiftung nachgehen: denn dieses
glänzende und viel verzweigte Geschlecht be-
trachtete die Gründung des päpstlichen Ahn-
herrn als einen Ruhmestempel des eigenen
Namens, und häufiger noch als in der
Apostelkirche, in San Pietro in Vincoli
oder in der Sixtinischen Kapelle in Sankt
Peter wählten die kraftvollen Schößlinge des
Eichbaumes in Santa Maria del Popolo
ihre letzte Ruhestätte.

Schon im Jahre 1483 wurde Giovanni
Basso della Rovere, Gemahl der Luchina,
der Schwester Sixtus' IV., in der Kapelle
des heiligen Augustinus beigesetzt, wo ihm
seine drei Söhne ein einfach edles Grabdenkmal errichteten; das Andenken seines
Bruders Christoforo ehrte Domenico della
Rovere durch ein noch glänzenderes Monument in der von ihm gegründeten Kapelle des heiligen Hieronymus, wo er auch
selber begraben ist, und endlich schmückte
Julius II. seine erbaute Chorkapelle
mit Andrea Sansovinos Kolossalgräbern der
Kardinäle Ascanio Sforza und des eigenen
Vetters Girolamo Basso della Rovere.

Mit all' diesen glänzenden Marmor-
denkmälern verband sich der malerische
Schmuck der Wände ganz von selbst, und
niemand anders als dem Umbrier Pinturicchio ist es zugefallen, die Geschlechtskapellen
der Roverefürsten auszumalen. Ja, hätte
nicht die Zeit so viel zerstört, wäre nicht
selbst das Erhaltene zum Teil in erbärm-
lichem Zustande auf uns gekommen, der
Kapellenkranz von Santa Maria del Popolo
mit der Chorkapelle Julius' II. würde heute
vielleicht das umfassendste Ruhmesdenkmal
sein, welches Pinturicchio von seiner Kunst
in Rom hinterlassen hat.

Schon im Jahre 1489 hatte Bernardino Betti für den portugiesischen Kardinal
Georg Costa die Katharinenkapelle in Santa
Maria del Popolo ausgemalt, wo heute
noch oben in den Seitenlunetten die Brustbilder der vier Kirchenväter erhalten sind,

während in der Mitte über dem Altar
zwei prächtige Putten das steinerne Wappen
des Stifters emporhalten. Die Verzierungen
der Pilaster, welche die Wände der poly-
gonal angelegten Kapelle gliedern, sind noch
ganz wie in der Sistina in Chiaroscuro
auf Goldgrund gemalt, aber vielfach restauriert, von den Kirchenvätern lassen nur
noch Sankt Hieronymus und Papst Gregor
mit einiger Sicherheit die Hand ihres
Meisters erkennen, aber der reiche, köstliche Marmorschmuck, der Katharinenaltar
in der Mitte, das Grabmal des alten
Costa zur Linken, des jugendlichen Albertoni zur Rechten, ist noch heute unversehrt
erhalten.

Über die nächsten Arbeiten Pinturicchios in der Geschlechtskirche der Rovere
äußerte sich Vasari folgendermaßen: „Und
in der Kirche von Santa Maria del Popolo malte er zwei Kapellen, eine für den
genannten Domenico della Rovere, Kardinal von San Clemente, in welcher dieser
später begraben wurde, und die andere für
den Kardinal Lorenzo Cibo, wo man auch
ihn später beigesetzt hat." Leider können
wir aus diesem Bericht keinen bestimmten
Anhalt für die Entstehungszeit der beiden
Kapellen gewinnen, von denen die eine
ganz, die andere wenigstens teilweise späteren Restaurationen zum Opfer gefallen ist.

Die Cibokapelle wurde im Jahre 1700
völlig im Geschmacke der Zeit restauriert,
und alle die herrlichen Malereien Pinturicchios, die Grabdenkmäler des Kardinals
Lorenzo selbst und anderer Kirchenfürsten,
welche noch 100 Jahre vorher der älteste
Chronist der Kirche leider nicht ausführlich genug beschrieben hatte, gingen zu
Grunde. Nur oben im Gewölbe des vor-
gelagerten Seitenschiffes entdeckt man heute
noch als letzte Reste der ursprünglichen
Dekoration Blatt- und Rankenornamente,
in Chiaroscuro und in der Mitte das
Wappen Innocenz' VIII., welches zu dem
Schlusse berechtigt, daß die Kapelle noch
zu Lebzeiten des Cibopapstes, also vor
dem Jahre 1492 vollendet wurde. Erinnert
man sich daneben, daß Lorenzo Cibo erst
im Jahre 1489 den roten Hut erhielt, so
ist damit die Entstehung dieser Kapelle in
den engen Zeitraum von kaum drei Jahren
zusammengedrängt.

Abb. 90. Die Anbetung des Kindes. Rom. Santa Maria del Popolo.
(Nach einer Originalphotographie von Gebr. Alinari in Florenz.)

Weniger genau lassen sich die Fresko-
malereien für Domenico della Rovere zeit-
lich bestimmen in der Kapelle gleich daneben, der ersten rechts vom Eingang.
Jedenfalls entstanden sie sehr viel später,
als das Grabdenkmal des schon im Jahre
1478 verstorbenen Cristoforo, wahrscheinlich nicht viel vor dem Tode des Stifters
Domenico im Jahre 1501. Das uner-
freuliche Monument des Kardinals Castro
(† 1506), welcher an der rechten Kapellenwand, dem Denkmal der beiden Rovere-
brüder gegenüber, aufgestellt ist, hatte nicht
gleich anfangs seinen Platz im reizenden

Sanktuarium des heiligen Hieronymus. Es wurde hier erst in späteren Jahren untergebracht, als spätere Generationen in der Kirche seinen Platz begehrten, und damals wurde eine der Fresken Pinturicchios geopfert, auf der man den Kardinal Domenico selber erblickte, dessen feine, edel geformte Züge uns heute nur noch aus einer prächtigen Miniaturhandschrift in Turin bekannt sind. Auch die blaue hatte, eine seiner reizendsten Kompositionen gelungen ist.

Das Presepe in der Hieronymuskapelle, obwohl verblaßt in den Lokaltönen und hier und da mit schlechten Farben übergangen, gibt sich sofort als völlig eigenhändige Schöpfung Pinturicchios zu erkennen. Der mit zierlichen Skulpturen und dem Roverewappen geschmückte Marmoraltar, das Fresko selbst darüber in

Abb. 91. Deckenmalerei im Chor. Rom. Santa Maria del Popolo.
(Nach einer Originalphotographie von Anderson in Rom.)

Decke dieser Kapelle mit den goldenen Sternen wurde später übermalt, und die Darstellungen aus dem Leben des heiligen Hieronymus in den Lunetten geben sich durchweg als Arbeiten von Schülerhand zu erkennen. Nur das buntfarbige Groteskenwerk der Pilaster und Fensterlaibungen verrät den engsten Zusammenhang mit Pinturicchio selbst, dem endlich über dem Altar in der Grabkapelle seines alten Gönners, dessen glänzenden Palast bei Sankt Peter er in jüngeren Jahren ausgemalt dem aufs herrlichste gearbeiteten, reich vergoldeten Rahmenwerk, mit der Stiftungsinschrift des Kardinals von San Clemente statt der Predella darunter, alles das bietet in der stillen, von gleichmäßig ruhigem Licht erleuchteten Kapelle ein so harmonisch gestimmtes Beieinander, wie es eben nur die Renaissancekunst zu schaffen vermochte.

Als folgerichtige Weiterentwicklung der Anbetung des Fiorenzo di Lorenzo in Perugia verrät das Altarbild der Hierony

Abb. 92.   Die Erithreische Sibylle.   Rom.   Santa Maria del Popolo.
Nach einer Originalphotographie von Anderson in Rom.

muskapelle (Abb. 90) aufs deutlichste Pinturicchios künstlerische Herkunft, andererseits
ist es aber auch das Vorbild gewesen für
jene liebliche Anbetung der Hirten in Santa
Maria Maggiore in Spello. So hat genau betrachtet der Künstler die für Domenico della Rovere entworfene Komposition
in Spello nur auseinander gezogen und
mit einigen neuen Figuren und mit einer
Fülle anmutiger Details geschmückt. Ist
nicht die Felsengruppe links, wo die Verkündigung an die Hirten vor sich geht,
wo die Könige eben in stattlichem Reiter-
zuge vorbeiziehen, in beiden Fresken ganz
ähnlich komponiert, läßt sich nicht am
Hintergrunde des Fresko in Santa Maria
Maggiore noch genau verfolgen, wie es
sich aus der reizenden Landschaft in Santa
Maria del Popolo entwickelt hat, und
kehrt nicht das Motiv der Hütte, die über
epheuumsponnenen Ruinen angebaut ist,
mit Ochs und Esel in der Hürde davor
in Spello mit leichten Abänderungen so
wieder, wie es in Rom zuerst erdacht

worden ist? Ja selbst Maria, welche in
stiller Andacht vor dem Kinde kniet, und
der Jesusknabe mit den zappelnden Händen
und Füßen, sind von dem Künstler in
Spello fast völlig unverändert benutzt
worden, wo der Platz des heiligen Hieronymus von einem frommen Hirten ein-
genommen ist, der wenigstens noch den
bunten Shawl über der Schulter zur Erinnerung an sein würdiges Vorbild trägt.

Kein Wunder, wenn in Spello die
Zerstreuung der Figuren auf dem weiten
und doch noch immer leeren Plan das
Auge dessen befremdet, dem die Erinnerung an
die geschlossene Komposition von Santa
Maria del Popolo noch nicht entschwunden
ist. Hier hat sich Pinturicchio überdies
zum erstenmal in seinen Landschaftsbildern
an Lichteffekten versucht, wie sie ihm nur
noch einmal wieder in seinem letzten Werk,
der Kreuztragung in Mailand, gelungen
sind. Oben aus nächtlich blauem Himmel
stürmt der Engel herab, dem einsamen
Hirten, der seine Schafe und Ziegen an

steilem Felsabhange weidet, die Weihnachts-
botschaft zu bringen, aber unten am Horizont wird es hell, die violette Färbung
der fernen Berge verkündet das Nahen
des Tages, und das erste Morgenlicht
drängt sich schon schüchtern durch die Zweige
des dicht belaubten Baumes, der später in
Spello durch eine Cypresse ersetzt wird.
Welch' eine Tiefe ruht in der bergreichen
Landschaft, durch die ein breiter Strom
seine Bahnen sucht, welch' eine Fülle anmutiger Einzelmotive verbinden sich hier
zwanglos und natürlich zu klangvollster
Harmonie! Wie ein Gebet aus Kinder-
mund, so unverfälscht in der Empfindung,
so innig im Ausdruck, so zart in der Färbung, spricht diese kunstlose Schilderung
der Geburt des Weltheilandes zu uns, der
vor der armseligen Hütte nackt und bloß,
nach Mutterliebe begehrend, auf einem
Ährenbündel liegt, von der Liebe der über-
seligen Maria behütet und bewacht. Joseph schläft, ein Bild der geistigen Trägheit
des Menschen, ein schöner Hirtenjüngling
betrachtet aus gemessener Entfernung mit

sinnendem Auge das unbegreifliche Wunder,
und der Blick des greisen Hieronymus
leuchtet, wie er auf den Erschienen des
Menschengeschlechtes herniederschaut, und die
schwieligen Hände haben sich gefaltet zum
Simeonsgebet: „Meine Augen haben deinen
Heiland gesehen!"

Die Entstehungszeit der Malereien in
der Kapelle des heiligen Augustin, welche
von dem Hieronymusheiligtum nur durch
die modernisierte Geschlechtskapelle des Cibo
getrennt wird, ist gleichfalls nicht durch
die Überlieferung bestimmt. Aber der reich
entwickelte Grotesfenstil der Malereien, die
architektonische Gliederung der Wände durch
fingierte Säulen aus afrikanischem Mar-
mor führen uns schon über das Quattrocento hinaus und machen es wahrscheinlich,
daß das Grabmal des Giovanni della
Rovere († 1483) um zwei Jahrzehnte
etwa älter ist, als die übrige Dekoration
der Kapelle. Sein Sohn, der Kardinal
Girolamo Basso, hat den Freskenschmuck
der ganzen Kapelle gestiftet, wie sein
Wappen am Altar erkennen läßt, aber

Abb. 93. Die Persica. Rom. Santa Maria del Popolo.
(Nach einer Originalphotographie von Anderson in Rom.)

oben an der Decke schließen sich die Gewölberippen im Papstwappen der Rovere zusammen, welches sich hier nur auf Julius II. beziehen kann, der am 1. November 1503 den päpstlichen Thron bestieg. Nun starb aber der Kardinal Girolamo schon im Jahre 1507 und wurde in Santa Maria del Popolo beigesetzt, nicht in der Kapelle des heiligen Augustin, wie er gewünscht haben mochte, sondern im Chor in jenem

preist, ist heute noch nach fast 400 Jahren völlig unverändert erhalten, mögen auch die bunten Majolikafliesen, mit Eichbaum und Eichblättern geziert, teilweise abgetreten sein, und mögen die Gemälde hier und dort durch Uebermalung gelitten haben. Rings an den unteren Wänden laufen ziemlich minderwertige Frestobildchen entlang, kleine Märtyrerscenen in Chiaroscuro ausgeführt, darüber erheben

Abb. 94. Die Cumäische Sibylle. Rom. Santa Maria del Popolo.
(Nach einer Originalphotographie von Anderson in Rom.)

kolossalen Grabmal Sansovinos, das dem des Ascanio Sforza als Gegenstück dienen muß. Die Malereien der Augustinuskapelle werden also in den Jahren 1503—1507 entstanden sein, und wahrscheinlich wurden sie von einem Schüler Pinturicchios zu derselben Zeit ausgeführt, als der Meister etwa im Jahre 1505 an der Decke des Chores beschäftigt war.

Das Gesamtbild der Kapelle des Kardinals von Recanati, den seine Grabschrift als einen im ganzen Leben beständigen, unbefleckten und frommen Kirchenfürsten

sich, von Groteskenwerk und fingierten Marmorsäulen eingefaßt, die farbenreichen Wandgemälde; oben in den fünf Lunetten ist ein Marienleben von der Geburt bis zur Heimsuchung geschildert, und an der Decke endlich prangen fünf Prophetenmedaillons auf goldenem, mit zahllosen Grotesken verziertem Grunde. In die rechte Mauerwand ist das einfach edle Denkmal des Schwagers Sixtus' IV. eingelassen, und gegenüber unter der Himmelfahrt Marias fand der Sarkophag des Bischofs Girolamo Foscari mit der charaktervollen Bronzefigur des Verstorbenen eine Zufluchtsstätte, nachdem sein Grabmal in der Kapelle der Apostelfürsten zerstört war. So ist diese Roverekapelle noch heute ein in sich geschlossenes Ganze, ein Stück aus dem Quattrocento mitten im geschmacklosesten Barock, aber der innere Wert all der Malereien hier steht nicht sonderlich hoch.

Das Marienleben in den Lunetten, eine echt umbrische Leistung nicht ohne prunkvollem Marmorrahmen, dessen üppige Dekoration man nur mit der Ornamentik des Roveregrabes vergleichen mag, um die spätere Herkunft zu erkennen, ist so stark übermalt, daß es schwer fällt, sich hier für Meister oder Schüler zu entscheiden. Der von der Übermalung verschonte Kopf des heiligen Augustin ist des Meisters selber würdig, die Halbfigur Jehovahs in der Lunette ist eine Wiederholung des Gottvater,

Abb. 95. Die Delphica. Rom. Santa Maria del Popolo.
Nach einer Originalphotographie von Anderson in Rom

anmutsvolle Einzelzüge, aber ohne Saft und Kraft in Ausdruck, Komposition und Farbe, muß derselbe Pinturicchioschüler gemalt haben, der für Domenico della Rovere nebenan die Hieronymusszenen ausführte; die arg übermalte Pietà über dem Grabmal des Giovanni della Rovere und die am besten erhaltene Himmelfahrt Marias gegenüber können sehr wohl eine fortgeschrittenere Leistung jenes anderen Schülers sein, der in der Krönung Marias im Vatikan so schwache Proben seines Könnens abgelegt hat. Das Mittelbild endlich in welcher in der Verkündigung in Santa Maria Maggiore in Spello erscheint.

Der Wert dieses umfangreichen, in seiner Gesamtwirkung einst gewiß sehr glänzenden Freskenschmuckes wird durch einen Vergleich mit der herrlichen Deckenmalerei im Chor (Abb. 91) noch mehr herabgedrückt. Der Proteus Pinturicchio, dessen Bedeutung wir leicht unterschätzen, weil wir die Schüler so oft für den Meister nehmen müssen, hat in jenem Deckenfresko von Santa Maria del Popolo noch einmal seine ganze Kraft zusammengenommen, wahrscheinlich weil er wußte, daß für den alten Julius auch das Beste noch nicht immer gut genug war. So hat er mit einem Wunder in Farben, das nur den meisten Menschen verborgen bleibt, weil es in so unerreichbarer Höhe schwebt, seine ruhmvolle Thätigkeit in Rom in wahrhaft glänzender Weise abgeschlossen.

In der Grabinschrift des im Jahre 1505 verstorbenen Ascanio Sforza, dem Julius II. vergangener Streitigkeiten uneingedenk, großherzig von Sansovino jenes gewaltige Denkmal setzen ließ, das Vasari so übermäßig bewundert hat, wird auch der Verdienste des Papstes um die Chorkapelle von Santa Maria del Popolo gedacht, deren Ausbau also Ende des Jahres 1505 etwa schon vollendet gewesen sein

Abb. 96. Matthäus. Rom. Santa Maria del Popolo.
(Nach einer Originalphotographie von Gebr. Alinari in Florenz.)

muß. Im August des folgenden Jahres legte Pinturicchio den Kommissarien der päpstlichen Kammer in seiner Vaterstadt ein vom 29. Juli 1506 datiertes Schreiben des Kardinalcamerlengo Raffaello Riario vor, in dem diese ersucht werden, die Anweisung des Landgebietes bei Chiusi, das Se. Heiligkeit dem Meister Bernardino verliehen habe, nicht länger hinauszuschieben. Der von Pinturicchio geleisteten Dienste wird weiter keine Erwähnung gethan, aber wir wissen aus anderer Quelle, daß damals eben die Ausmalung der Chorkapelle von Santa Maria del Popolo vollendet war. Für diese Arbeit muß jenes Landstück bei Chiusi die wohlerworbene Belohnung gewesen sein.

Es ist eine merkwürdige Thatsache, daß Pinturicchio, soweit wir heute urteilen können, als Dekorationsmaler doch schließlich nicht im Dienst der Borgia, seiner ältesten und glänzendsten Gönner, das Höchste geleistet hat, sondern daß derselbe Roverepapst, der einem Michelangelo und einem Raffael die größten Schöpfungen ihres Genius abgerungen hat, auch den Bernardino Betti über sich selbst hinaus hob oder doch wenigstens bis an die äußersten Grenzen seines Könnens förderte. Trotzdem ist das Deckenfresko in Santa Maria del Popolo, welches als Muster feinsten dekorativen Geschmackes selbst im Appartamento Borgia nicht seinesgleichen findet, bis heute wenig gewürdigt worden. In schwindelnder Höhe über den kahlen Wänden des geräumigen Chores, der durch gemalte Fensterscheiben nur gedämpftes Licht erhält, gleich neben der goldstrotzenden

Barockdekoration des Tonnengewölbes über dem barocken Hochaltar verschwinden die reizenden Miniaturmalereien des Meisters Bernardino, wie eine Blume auf einsamer Bergeshöhe ungesehen verblüht, wie die Melodie eines Hirtenliedes in den Felsschluchten ungehört verhallt.

Schon in der Wahl einer vorwiegend dekorativen Aufgabe verrät sich ein taktvolles Verständnis für die Eigenart des Künstlers, dem es nicht schwer fallen konnte, die vier Kirchenväter, die vier Evangelisten und vier Sibyllen in ansprechender Komposition und lustigem Rahmenwerk um eine Krönung Marias als Mittelstück zu gruppieren.

Dramatisch bewegte Kompositionen, die Beseelung der Volksmenge mit einer großen Empfindung, jedes Aussprechen überhaupt von Gedanken und Affekten war ja Pinturicchio niemals leicht gefallen. Idealgestalten dagegen, von mäßiger Empfindung getragen, zufrieden mit sich und der Welt gelangen ihm prächtig; er hat die liebenswürdigsten Greise gemalt, und milde, leidenschaftslose Frauenschönheit verstand er durch leuchtende Farben zu verklären. Die Seligkeit ruhevollen Schaffens teilte sich dann wohl vom Schöpfer auf die Geschöpfe mit; so hingebend und doch gelassen, so mühelos schaffend und doch innerlich gesammelt, wie Pinturicchio den heiligen Lukas hier geschildert hat, ein Marienbild malend, möchten wir uns Meister Bernardino selber an der Arbeit denken.

Das Figürliche und Groteske kunstvoll in ein farbenprächtiges Ganze zusammenwebend, hat der Künstler quer über dem flachen Deckengewölbe einen wundervollen Teppich ausgebreitet, und darunter in die tief sich herabsenkenden Ecken die vier Bischofsstühle der Kirchenväter aufgebaut, deren strenge Renaissance-Architektur sich plastisch vom tiefblauen, mit zartestem Goldornament verzierten Grunde abhebt.

Daß das Mittelbild der ganzen Dekoration, die in ein achteckiges Medaillon komponierte Krönung Marias, zugleich die einzige handelnde Gruppe unter all' den Einzelfiguren, das Schwächste an der ganzen Arbeit ist, mag sich aus Pinturicchios eigentümlicher Veranlagung zum Teil wenigstens erklären, aber es muß doch wunder nehmen, daß der Meister auf dies centrale Hauptstück so geringe Sorgfalt verwandt hat. Darf man doch gar an der eigenhändigen Ausführung zweifeln,

Abb. 97. Lukas. Rom. Santa Maria del Popolo.
(Nach einer Originalphotographie von Gebr. Alinari in Florenz.)

wenn man sieht, wie matt und trübe die Färbung ist, wie Maria nichts von dem geheimnisvollen Zauber besitzt, der sonst den Madonnen des Meisters eigen, wie unbeholfen der melancholisch blickende Christus seine Mutter krönt.

Breite Streifen mutwilliger Groteskenornamente auf Goldgrund ziehen sich um die Evangelistenmedaillons in den Ecken und die liegenden Sibyllen an den Langseiten herum, die hier in den Stellungen entschieden Pollajuolos sieben freien Künsten am Grabmal Sixtus' IV. nachgeahmt sind. Diese unverfälschten Frauentypen Pinturicchios sind alle vier gleich jung und schön, und nur in der Art, wie sie sich kleiden, wie sie sich allmählich in die unbequeme Lage finden, läßt sich ziemlich deutlich eine fortschreitende Entwickelung erkennen. „Erithrea" (Abb. 92) muß den Reigen eröffnet haben, denn trotz ihrer resignierten Miene gelingt es ihr nicht, uns glauben zu machen, daß sie sich in ihrer Lage wohl befinde. Sie stützt den Kopf auf einen allzu hohen Steinaltar, auf dem ihre Prophezeiung geschrieben steht, und der Ruhe ihrer Stellung widersprechen die flatternden Falten und Verschlingungen des weißen Gewandes, so daß sie mehr schwebend als liegend erscheint. Die „Persica" (Abb. 93) hat sich schon behaglicher eingerichtet und ist auch zweckentsprechender gekleidet. Sie stützt das Haupt in die Linke und schreibt ihre Gedanken eifrigst in ein großes Buch, aber die Lage ihrer Füße ist unbequem, und Mantel und Gürtel flattern noch um sie herum. Erst die „Cimeria" (Abb. 94) erscheint in völlig ruhiger Stellung, obwohl die künstlich aufgehäuften Bücher für den Oberkörper der mächtigen Frauengestalt doch nur ein schwacher Stützpunkt sind. Sie mag eben die Inspiration empfangen, auf welche ihr Finger hindeutet: des Menschen Sohn wird im Fleisch erscheinen und den Erdkreis richten. Die „Delphica" (Abb. 95) endlich ist die lieblichste dieser Frauen, und es liegt in dem Blick ihrer träumerischen Augen eine Vorahnung der prophetischen Schöpfung Michelangelos in der Sistina. Sie ist wie ein Edelfräulein in ein vornehmes Kostüm gekleidet, trägt um den Hals einen Goldschmuck und Perlen im Haar und stützt den linken Arm bequem auf die Folianten, während die Rechte erhoben ist,

Abb. 98. Der heilige Hieronymus. Rom. Santa Maria del Popolo. (Nach einer Originalphotographie von Gebr. Alinari in Florenz.)

Abb. 99. Der heilige Ambrosius. Rom. Santa Maria del Popolo.
(Nach einer Originalphotographie von Gebr. Alinari in Florenz.)

Lektüre vertieft. Alle diese Halbfiguren sind aufs glücklichste in das reizend umrahmte Tondo komponiert, zart und duftig in der Färbung und von unbeschreiblicher Sorgfalt in der Malerei. Wären es Miniaturblätter, die wir mit der Lupe prüfen wollten, diese Evangelisten könnten nicht sorgfältiger durchgeführt sein, wer aber vermag solchen Malereien gerecht zu werden, wenn sie hoch oben, in luftiger Ferne über uns an einer Kuppeldecke schweben? Nur eine Frucht der wunderbaren Technik Meister Bernardinos genießt das Auge, auch aus der Entfernung voll und ganz, wenn von dieser großen Farbenharmonie noch heute jeder Accord seine ursprüngliche Kraft und Frische bewahrt hat.

als wollte sie gleich beginnen, ihre Weisheit mitzuteilen.

Auf mattblauem Grunde sind die vier Medaillons der Evangelisten gemalt, wahre Edelsteine der Kunst Pinturicchios in der kunstvoll gearbeiteten Goldfassung der Grotesken. Der bartlose Matthäus, eifrigst schreibend von der lieblichsten Engelgestalt bedient, die in Spello ihre Vorbilder findet (Abb. 96); Markus mit dem Löwen, ein graubärtiger Petrustypus, der von stiller Begeisterung durchglüht, eben seine Lehre verkündet; Lukas (Abb. 97) tief versunken, das Bild der Madonna zu malen, und sich dabei seines prächtigen Stierkopfes als Staffelei bedienend; Johannes endlich, der Greis mit wallendem weißen Bart, von seinem Adler umflattert, ganz in heilige

Die vier Kirchenväter in den Ecken sind nicht nur äußerlich die Grundpfeiler der Komposition, sie bedeuten auch für den Zusammenklang der Farben die vier Grundtöne, welche die ganze Teppichmalerei beleben. Hieronymus (Abb. 98) erscheint in scharlachroter Kardinalstracht, Augustin in dunkelblauen Bischofsgewändern, mit goldenen Granatblumen übersät, Gregor im päpstlichen Pluviale, aus schimmerndem Goldbrokat, Ambrosius (Abb. 99) endlich in tiefgrünem Mantel über dem priesterlichen Kleid. Durch das Buch wird Hieronymus als der Gelehrte charakterisiert, durch den Hirtenstab Augustin als Bischof, durch Kreuz und Taube Gregor als der von Gott selber inspirierte Papst, durch

die Geißel endlich Ambrosius, der Eiferer
um den Herrn, der einem blutbefleckten
Kaiser den Eintritt in den Tempel Gottes
kühn verwehrte. Ruhig in der Bewegung
und gehalten in der Stimmung wie Sibyllen und Evangelisten, erscheinen auch die
Kirchenväter, denen man gern ein individuelleres Gepräge wünschen möchte. Keiner
unter ihnen ergreift uns so, wie einer der
Propheten Michelangelos, aber alle miteinander laden sie das Auge zu fröhlichem
Genießen ein. Wir fühlen uns froh und
festlich gestimmt im Verkehr mit diesen
auserlesenen Geschöpfen, deren Schönheit
niemals eine Leidenschaft getrübt zu haben
scheint. Die höchsten Aufgaben allerdings
hat der umbrische Meister niemals an
sich selbst und seine Kunst gestellt, und
doch gelingt es ihm so gut, das Auge
zu erfrischen, das Herz zu erfreuen.
Welch' ein köstliches Geschenk, das er
uns bietet! Dürfen wir darum seine Werke
nicht auch mit als Gaben auf den großen
Altar legen, wo der Genius seine Opfer
bringt, die Menschheit zu trösten und zu
beglücken?

Mit den Chormalereien in Santa Maria del Popolo verschwinden Pinturicchios
Spuren in Rom; aber seine letzte glänzende Leistung in der Stadt der Päpste ist
an der jüngeren Künstlergeneration nicht
spurlos vorübergegangen. Raffael selbst
hat sich an dem Farbenwunder in Santa
Maria del Popolo inspiriert, als er daran
ging, über die Stanza della Segnatura
jenen wunderbaren Teppich auszuspannen,
der allein würdig war, die Schule von
Athen, den Parnaß, die Disputa zu be-
schatten. Die Herkunft Raffaels von Pinturicchio wird durch einen Vergleich dieser
beiden Deckendekorationen aufs schlagendste
erwiesen, aber ihre Verbindung ist weit älter.
Meister und Gehilfe begegnen uns zum
erstenmal für- und miteinander schaffend in
Siena, wohin den rastlos thätigen Pinturicchio schon im Jahre 1502 ein neuer
glänzender Auftrag gerufen hatte. Der eine
ein sinkender Stern, ein alternder Mann,
der noch einmal die Farben mischte zu
einer letzten großen Ruhmesthat, der andere
die aufgehende Sonne, deren erste Strahlen
schüchtern ihren Weg sich suchten in der
fremden Welt, um sie allmählich ganz mit
ihrem Lichte zu erfüllen.

IX.

Wenn sich die schweren Bronzegitter
geschlossen haben, die aus dem dämmernden Dom Sienas in die luft- und licht-
volle Libreria hinüberführen, wenn jedes
Geräusch des Tages um uns her verstummt
ist und wir allein im Ruhmestempel der
Piccolomini zurückgeblieben sind, wenn sich
unserem Auge auf einmal die leuchtende
Vision offenbart, welche Pinturicchio an
diese Wände gebannt hat, dann gehen uns
wohl für einen Augenblick die Begriffe
von Raum und Zeit verloren, die laute
Gegenwart verblaßt, und die stille Ver-
gangenheit hebt sich aus der Nacht des
Vergessens empor, ein Traumbild von
unendlicher Farbenfülle, von unaussprechlichem Reiz. Aus der nahen Kirche dringen
gedämpfte Orgelklänge zu uns herüber,
eine Sprache der Geister, der das Ohr
sich hingibt, während vor unserem Auge
die Bilder einer versunkenen, schönen Welt
greifbare Form und Gestalt gewinnen.
Längst vergessene Melodien wachen wieder
auf, Jugendklänge ziehen dem sinnenden
Wanderer durch die Seele:

> Aus alten Märchen winkt es
> Hervor mit weißer Hand,
> Da singt es und da klingt es
> Von einem Zauberland.

Ja, das glückliche und erfolgreiche
Leben des Änea Silvio hat sich in der
Phantasie Pinturicchios zum Zaubermärchen
gestaltet. Keine Leidenschaften, keine Kämpfe,
keine Enttäuschungen scheinen das Dasein
seines Helden getrübt zu haben, der mühelos eine Ruhmesstaffel nach der anderen
erklimmt. Wie ein Ritter, der auf Aben-
teuer zieht, so treibt es auch den jungen
Piccolomini, den Sprossen eines edlen,
aber verarmten sienesischen Geschlechtes, in
die Welt hinaus, das Glück des Lebens
zu versuchen. Er dient Kardinälen und
Fürsten und richtet mit Geschick und Glück
gefahrvolle Gesandtschaften an fremde Herrscher aus; er liest und schreibt und dichtet
nebenbei und wird vom Kaiser selbst mit
dem Lorbeer gekrönt. Er entscheidet sich
endlich ganz für den geistlichen Beruf und
wird vom Papst auf den Bischofsstuhl
seiner Heimat erhoben, wo er dem zur
Kaiserkrönung ziehenden Könige die Braut
zuführt. Endlich erhält er den roten Hut,
und aus dem nächsten Conclave geht er

als Papst hervor, vom römischen Volke mit
stürmischem Jubel begrüßt. Aus dem Jüngling mit leichtem Sinn und frohem Mut
ist ein bedächtiger Greis geworden, der die
letzte Lebenskraft ganz in den Dienst seiner
erhabenen Würde stellte. Er beruft einen
Kongreß gegen die drohende Türkengefahr,
er erinnert sich der Heimat und kanonisiert

Schon im Jahre 1495 hatte Francesco
Piccolomini, der Neffe Pius' II., welcher
später als Pius III. kaum einen Monat
auf dem päpstlichen Stuhl gesessen hat,
den Bau der Libreria neben dem herrlichen Dome seiner Vaterstadt begonnen,
um hier die Schriften seines großen Ohms
in würdiger Weise aufzustellen. Zahl-

Abb. 100. Albert Aringhieri als Jüngling. Siena. Dom.

jene merkwürdige Frau, die sich Caterina
von Siena nennt, und als die Feinde der
Christenheit Italien immer ärger bedrängen,
macht sich der Greis selber auf den Weg,
sie zu bekämpfen. Aber schon in Ancona
ereilt ihn der Tod, und wir sehen noch
einmal seine rührende Erscheinung, wie
sie segnend und ermahnend zum letztenmale
über der ehrfurchtsvoll grüßenden Menge
dahinschwebt.

reiche Architekten, Bildhauer, Bronzegießer
und Intagliatoren wurden von dem kunst-
liebenden Kardinal beschäftigt, in dessen
Dienst damals auch Michelangelo einige
Statuen am sogenannten Piccolominialtar
gleich links am Eingang zur Libreria gearbeitet hat. Um 1501 etwa muß der
edle Bau der schönsten Bibliothek der
Welt vollendet gewesen sein, denn schon
vom 28. Juni des Jahres 1502 datiert

der ausführliche Vertrag, den der Neffe Pius' II. mit dem Meister Bernardino von Perugia abschloß. Hier wird das Verhältnis des Auftraggebers zu seinem Künstler in allen Einzelheiten geregelt, und zugleich wird der Lohn für die Arbeit festgesetzt.

das man ihm an die Hand geben wird, mit Inschriften darunter. Endlich sollen alle Zeichnungen auf die Kartons sowohl, wie auf die Mauer vom Meister eigenhändig ausgeführt sein, der in jedem Fresko auch alle Köpfe selber malen muß. Zum

Abb. 101. Alberio Aringhieri als Greis. Siena. Dom.

Pinturicchio muß sich verpflichten, nichts anderes zu unternehmen, weder Fresko noch Tafelbild, solange er nicht die Malereien in der Libreria vollendet hat. Er soll die Decke aufs zierlichste gliedern, sie mit den schönsten Farben ausmalen und mit den Phantasien schmücken, die man Grotesken nennt. Dann soll er vor allem zehn Geschichten aus dem Leben des Papstes Pius malen, einem Memoriale gemäß,

Schluß wird der Preis bestimmt. Tausend Dukaten in Gold, dem Fortgang der Arbeit gemäß, in bestimmten Raten zahlbar, werden dem Maler zugesichert und freie Wohnung, solange er an der Libreria thätig ist; doch muß er sich seinerseits verpflichten, alle Lebensbedürfnisse für sich und seine Gehilfen an Korn, Öl und Wein vom Gutsverwalter des Kardinals zu beziehen. In dem vom 30. April 1503 datierten

Testament Francesco Piccolominis wird auch die Vollendung der Libreria durch die Erben sicher gestellt, aber die Malereien können damals eben erst begonnen gewesen sein, wenn ihre Ausführung als noch bevorstehend erwähnt wird. Immerhin ist ein Teil der Decke vor dem 22. September 1503 fertig geworden, da die Wappenschilder in der Mitte und an den Pilasterkapitälen noch mit dem Kardinalshut gekrönt sind, aber in der Stiftungsinschrift

malten, teilweise arg beschädigten Fresken das Leben des Täufers geschildert, eine Leistung, in der sich die Hilfe von Schülerhänden nur zu deutlich verrät. Die Stifterporträts allein scheinen ganz eigenhändige Arbeit Pinturicchios zu sein. Der wackere Rhodosritter hatte den originellen Gedanken, sich einmal als ritterlichen Jüngling (Abb. 100) in voller Stahlrüstung porträtieren zu lassen und gleich gegenüber als würdigen alten Herrn in der schwarzen

an den Seiten heißt es schon: Pius III. Pius II. in pietätvoller Erinnerung!

Als Pius III. schon am 18. Oktober starb, geriet die Arbeit am Freskenschmuck der Bibliothek sehr bald ins Stocken; aber es scheint, daß Pinturicchio selbst und seine zahlreiche Gehilfenschar sofort von anderer Seite in Anspruch genommen wurden, wenn der Künstler schon am 4. August 1504 die Bezahlung für acht kleine Freskobilder in der Taufkapelle des Domes erhielt, die ihm der Rhodosritter Alberto Aringhieri aufgetragen hatte. Hier ist auf musaiciertem Goldgrunde, in teilweise über-

Tracht eines Rektors des Domes von Siena, das weiße Kreuz der Rhodosritter auf der Brust (Abb. 101). Vor allem das jugendliche Bildnis ist Meister Bernardino aufs beste gelungen. Der junge Rittersmann kniet in herrlicher, wilder Landschaft auf blumengeschmücktem Boden mit betend erhobenen Händen und dem Ausdruck völliger Hingabe in den schönen, kindlichen Zügen. Augenscheinlich hat hier der Künstler den feierlichen Moment in seinem Bilde erfaßt, wo der junge Rhodosritter zum erstenmal die Kleider seines Ordens trägt und seine Dienste Gott verpflichtet.

Gleich darauf muß aber Pinturicchio wieder in den Dienst der Piccolomini getreten sein, denn am 8. September des-

die Staffel gemalt haben soll. Damals, am 15. September 1504, erneuerten die Brüder Pius' III., Andrea und Giacomo

Abb. 108. Die Ankunft des Kardinals Capranica in Piombino.

selben Jahres wurde ein Altargemälde von seiner Hand in ihrer Geschlechtskapelle in San Francesco enthüllt, zu welcher Raffael

den Kontrakt mit Michelangelo wegen der Statuen für die Domkapelle, und wahrscheinlich war dasselbe schon früher mit

Pinturicchio geschehen, der seine Gehilfenschar nicht lange unbeschäftigt lassen konnte
und sich gerade damals, indem er von der
Witwe des Malers Neroccio einige Land-
stücke kaufte, in Siena ansässig machte.
Aber der Tod Andreas im Juni des folgenden Jahres unterbrach die Arbeit aufs
neue, ja diesmal hat Pinturicchio Siena
überhaupt verlassen: er folgte einem Rufe
des neuen Papstes nach Rom zur Ausmalung der Decke von Santa Maria del
Popolo. Vom Sommer 1505 etwa bis
zum Frühjahr 1506 stand Pinturicchio in
den Diensten Julius' II., und als er sich
im März des Jahres 1506 den Peruginer Maler Eusebio da San Giorgio als
Gehilfen verpflichtete, muß dies für die
Wiederaufnahme der Arbeiten an der Libreria in Siena gewesen sein. Hier wurde
dem Künstler am 30. November ein Sohn
geboren, hier bestätigte ihm der Rat am
15. Dezember eine Landschenkung, hier
sind ihm im folgenden Jahre gar auf
seine Bitten alle Steuerzahlungen erlassen
worden. In den Jahren 1506—1508
hat nun Meister Bernardino den zweiten
Teil der Libreriafresken ausgeführt, im
Frühling 1508 begegnet er uns ja schon
in Spello, am Altarbilde von San Andrea
beschäftigt, und endlich im Jahre 1509
erhält er von den Erben des Andrea Piccolomini die Restzahlung für die Gemälde
der Bibliothek und das Altarwerk in San
Francesco, welches im August des Jahres
1655 mit anderen Kunstschätzen einem
Brande zum Opfer gefallen ist.

Die Spuren einer so wechselvollen und
langwierigen Entstehungsgeschichte sind zum
Glück im letzten großen Freskenwerk Pinturicchios durch die wunderbare Farbenpracht
der einzigartig erhaltenen Gemälde, durch
die gleichmäßige Fortentwickelung einer
wahren Geschichte, in schlicht legendenhaftem
Ton erzählt, fast völlig verwischt. Erst
ein sich Versenken in die unendlich reichen
dekorativen Elemente dieser Malerei, in
jedes einzelne seiner monumentalen Fresken
läßt uns allerdings auf Kosten der passiven Begeisterung zu einer kritischen Wür-
digung der gewaltigen Arbeit gelangen, die
hier so spielend bewältigt zu sein scheint.
Architekt und Bildhauer hatten überdies
dem Maler vorgearbeitet und ihm in großen
Zügen wenigstens den Weg schon gewiesen,

den er einzuschlagen hatte; ohne die klare,
architektonisch tief durchdachte Gesamtanlage
des hohen kapellenartigen Raumes, ohne
die plastische Gliederung der Wände und
den feinen Skulpturenschmuck, ohne jene unendliche Lichtfülle, welche durch zwei mächtige Fenster ungehindert hereindringt, hätte
auch der Maler seine Kunst nicht so frei
entfalten können und so harmonisch wirkende
Resultate erzielt.

Von der Mitte der Decke (Abb. 102)
schwebt das fruchtumkränzte Piccolominiwappen herab, die goldenen Halbmonde
auf blauem Grunde, welche für die Kunst
Sienas ungefähr dasselbe bedeuten wie der
Eichbaum der Rovere für Rom. Zierliche
Mäander teilen die ganze Fläche in zahlreiche Felder ein, wo sich antike Fabelwesen
vergnügen, in Lust und Liebe zu Wasser
und Lande das Dasein genießend. Aber
die Mannigfaltigkeit dieser buntfarbigen
Scenen läßt es zu keinem ruhigen Gesamt-
eindruck kommen, und wer nähme sich Zeit
und Mühe, die miniaturartigen Bildchen
dort oben im einzelnen zu studieren? Man
braucht nur diese Dekoration mit der Deckenmalerei in Santa Maria del Popolo zu
vergleichen, um mit einem Blick den fast
wunderbaren Fortschritt zu erfassen, der
dem Meister in jener, mit großen klaren
Zügen einfach und übersichtlich entworfenen
Komposition, gelungen ist.

In der kunstvoll gegliederten Hohlkehle zwischen der flachen Decke und der
Mauerwand sieht man ein gelbes und ein
blaues Dreieck in bunter Folge, abwechselnd
mit den Spitzen nach unten und oben, von
arabeskenverzierten Kappen eingefaßt. Hier
haben sich Pinturicchio und seine Schüler
nicht genug thun können an den grotesken
Phantasien, die der Kontrakt ausdrücklich
ausbedungen hatte, ja Bernardino Betti
scheint auf diese Kunst besonders stolz gewesen zu sein, wenn er gelegentlich das
eigene Monogramm als Mittelpunkt er-
sand, um welches allerhand Putten und
Fabelwesen in buntem Durcheinander gruppiert sind.

Der überaus glücklich erfundenen Gliederung der Wände durch perspektivisch gemalte Pfeilerreihen, die sich in den Lunetten
zwischen den Gewölbzwickeln in luftigen
Bogen verbinden, verdankt die Libreria
vor allem den weiträumigen, unsagbar

festlichen Eindruck, den sie auf ihre Be-
sucher macht. Ist es doch als wären alle
diese reizenden Landschaften mit Bergen
einer Märchenwelt, in welche uns durch
die hohen Arkadenbögen nur ein Blick ver-
stattet wird, die sich aber noch viel weiter

Abb. 101. Anea Silvio als Gesandter des Königs Jakob von Schottland. Siena. Libreria.

und Thälern, Wasser und Wald, alle diese
glänzenden Kirchen und Paläste mit den
lustigen Wandelgängen und den säulen-
getragenen Gewölben reizende Veduten aus
in die unendliche Ferne erstreckt: erscheinen
doch alle diese festlich geschmückten Menschen,
deren ruhig dahin fließendes Dasein wir
in einzelnen Momenten belauschen dürfen,

nur wie erlesene Repräsentanten eines ganzen erwählten Menschengeschlechtes, das dies ferne schöne Land, diese Insel der Seligen, bewohnt. Überdies ist die Ornamentik der mächtigen Pfeiler von fast sinnverwirrender Pracht. An Kapitäl und Basis prangt das Kardinal- und Papstwappen der Piccolomini: das dreistreifige Pilasterornament, dessen Muster allerdings mehr als einmal wiederholt wird, verrät die vollkommenste Beherrschung des Stoffes und einen feinen dekorativen Geschmack. Rechts und links erhebt sich der schlanke aus den verschiedenartigsten Elementen weiß auf dunkelblauem Grunde aufgebaute Kandelaber, in der Mitte ruht ein stahlblaues, rot umsäumtes Ornament auf der goldschimmernden Fläche.

In solche vornehme architektonische Umrahmung sind nun die monumentalen Freskobilder hineinkomponiert, ein Denkmal, in welchem sich so rein und glänzend wie in keinem anderen die Heiterkeit und Farbenfülle der Renaissancekultur wiederspiegelt. Vasari wird nur dem allgemein anerkannten Urteil seiner Zeit Ausdruck gegeben haben, wenn er die Malereien der Libreria an die Spitze aller Werke Pinturicchios stellte und ihnen die ausführlichste Beschreibung zu teil werden ließ, während er der Malereien in Araceli, in Santa Maria del Popolo flüchtig mit einem Worte gedenkt und die Fresken in Santa Maria Maggiore in Spello überhaupt nicht erwähnt. Vasari war es auch schon, der in seiner Lebensbeschreibung jene viel umstrittene Behauptung aufstellte, daß Raffael von Urbino an dem Freskencyklus von Siena einen nicht unbedeutenden Anteil gehabt habe. „Damals war der Maler Raffael,“ so lesen wir in der ersten Ausgabe seiner Viten von 1550, „noch ein ganz junger Mensch, der mit Pinturicchio zusammen bei Pietro Perugino gearbeitet hatte: von dort führte ihn jener mit sich nach Siena, wo Raffael von allen Skizzen für die Libreriafresken die Kartons ausführte, von denen man noch heute einen in Siena sieht.“ In der zweiten Ausgabe werden dann auch die Entwürfe selbst dem Raffael zugewiesen, und wenn auch die Aussagen des Aretiner Biographen, der über Pinturicchio so parteiisch abgeurteilt hat, nur in beschränktem Maße Glauben verdienen, so kann doch die Teilnahme Raffaels wenigstens an der ersten Hälfte der Libreriafresken heute nicht mehr bestritten werden. Bewahren doch die Uffizien gleich zu dem ersten Gemälde, dem Auszug des Änea Silvio in die Welt, eine wohlbeglaubigte Skizze Raffaels, welche bei der Ausführung nur im Hintergrunde und in wenigen, aber sehr charakteristischen Einzelheiten verändert worden ist.

Gegenständlich sind in den Libreriafresken zwei Überlieferungen verarbeitet worden. Die eine Pius' II. Selbstbiographie, die andere sein Leben, von seinem Sekretär und Hofpoeten Johannes Antonius Campanus in der Weise damaliger Lobdichtungen erzählt. Aus dem letzteren hat man dann auch die Inschriften zusammengesetzt, welche unter jedem der Gemälde stehen, ohne immer eine erschöpfende Schilderung des Dargestellten zu geben.

Domenico Capranica, dessen edles Renaissancemonument wir noch heute in Santa Maria sopra Minerva in Rom bewundern, war von Eugen IV. nicht als Kardinal anerkannt worden, weil er von Martin V. noch nicht als solcher publiziert worden war. Der in seinen Rechten gekränkte Prälat wollte nun vor dem Baseler Konzil seine Sache verfechten und machte sich, von zahlreichem Gefolge begleitet, auf die beschwerliche Reise in die Schweiz. In Siena gesellte sich Änea Silvio zu ihm, welcher, begierig, die Welt zu sehen und Ruhm zu erlangen, beim Kardinal die Stelle eines Sekretärs annahm. Von Siena begaben sich die Reisenden nach Piombino, um sich von dort nach Genua einzuschiffen. Diese Ankunft im Hafenort, wo schon das Schiff zur Abfahrt bereit liegt, soll Raffaels Skizze zur Darstellung bringen, wie seine eigenen Beischriften erweisen, und den gleichen Moment schildert auch Pinturicchio im Fresko selbst, nur deutet er es noch durch schwer herniederhängende Wolken und Regengüsse über dem Meer die Gefahren an, welche die Seefahrer auf ihrer weiteren Reise bestehen sollten (Abb. 103).

Noch bezeichnender für das Verhältnis des Gehilfen zu seinem Meister sind die übrigen weniger in die Augen fallenden Abweichungen zwischen Skizze und Fresko. Den Hintergrund, welchen Raffael genial und groß in allgemeinen Zügen angedeutet hatte, füllt Pinturicchio mit kleinlichem Detail; im Auszug selbst, der an die Jagd-

scene im Appartamento Borgia erinnert,
ist aus dem ritterlichen Änea Raffaels,
der im kleidsamen eng anliegenden Kostüm

Schulterkragen und breitkrempigem roten
Hut. Ebenso hat das Pferd Äneas bei
Pinturicchio ein gut Teil seiner Raffe ver-

Abb. 105. Kaiser Friedrich krönt den Änea Silvio mit dem Dichterlorbeer. Siena. Libreria.

der Zeit so elastisch und sicher auf seinem
Rassepferde sitzt, ein etwas steifer vornehm
blickender junger Herr geworden, in blauem
lang herabfallendem Reisemantel, grünem

loren, und dem Renner, der gleich links
aus der Ecke heraussprengt, fehlen sogar
die Hinterbeine. Und doch ist auch das
Fresko noch immer eine der liebenswürdigsten

Schöpfungen in der ganzen Bilderreihe, und jedenfalls ist diese Kavalkade des würdigen Kardinals, an der roten Kappe und dem weißen Pelzkragen kenntlich, mit dem aus Laien und Geistlichen bunt gemischten Gefolge, die originellste aller Kompositionen. Sie leitet aufs glänzendste den farbenprächtigen Cyklus ein und erfüllt uns sofort mit lebendigem Interesse für das Geschick des jugendschönen Helden, um den sich die ganze Gesellschaft gruppiert, ohne doch daß der Kardinal und seine ehrwürdigen Begleiter allzuviel von ihrem Ansehen eingebüßt hätten.

Für das nächste Fresko, Änea Silvio als Gesandter vor König Jakob von Schottland (Abb. 104), hat sich Raffaels Entwurf nicht mehr erhalten, aber aus seinem anderen der Librariafresten spricht sein Geist so deutlich zu uns, wie hier. Ja, hat Raffael überhaupt jemals selber an die malerische Ausführung dieser Gemälde Hand angelegt, so kann es nur hier gewesen sein, wo auch das Puttenpaar links am Piccolominiwappen durch den unbewußt kindlichen Zauber und den warmen Ton der Farbe von allen übrigen Wappenträgern absticht. Schon durch die Klarheit der Komposition zeichnet sich dies Fresko, dessen kleine Verhältnisse auffallen müssen, vor allen übrigen aus. Der König auf dunkelgelbem, ziemlich plumpem Holzthron, vor dem ein persischer Teppich mit breiter, grüner Mäanderborte ausgebreitet ist, behauptet die Mitte, die beiden orientalisch gekleideten Männer im grünen und im blauen Mantel links und rechts, sind die lebendigen Eckpfeiler des ganzen Aufbaues. Der Vordergrund ist frei gelassen, und die Hofgesellschaft drängt sich stehend und sitzend im Halbkreis um den Thron des Fürsten, der sich in großräumiger Loggia erhebt, die zwischen den Arkadenbögen eine unbeschreibliche Aussicht öffnet auf ein von frischem Grün und blauen Bergen umkränztes Flußthal, das sich in weiter Ferne nach dem Meere erschließt.

Der jugendliche Gesandte, welcher auch diesmal sein Ziel nicht ohne schwere Gefahren erreicht hatte, ist nicht nur als solcher ein Fremdling unter fremden Menschen, durch seine ganze liebenswürdige Erscheinung, durch den Rhythmus in jeder seiner Bewegungen, durch die Weise, wie

bei ihm allein die Seele den Körper durchdringt, gibt er sich in der That als ein Wesen kund, das seinen Ursprung völlig anderen Voraussetzungen verdankt. Wie steif und kalt erscheint selbst die heilige Caterina im Appartamento Borgia, die unter ganz ähnlichen Umständen und mit ähnlichen Gesten ihre Mission auseinandersetzt, im Vergleich zu diesem rührend schönen Jüngling, dessen ganzes Wesen von stiller Begeisterung getragen wird! Die Porträtgestalt des Änea Silvio, der uns im ersten Fresko in vornehmen Reisekleidern begegnet, der im dritten und vierten in den reichen Brokatgewändern eines Höflings prangt, ehe er in den folgenden die Abzeichen hoher geistlicher Würden anlegt, tritt hier ein einziges Mal in eine völlig ideale Erscheinung. In dem langärmeligen dunkelroten Gewand mit dem violetten Mantel darüber erinnert er uns an eine der seelenvollen Johannesgestalten des jugendlichen Raffael, und der weiche Ausdruck der seinen mit einer Fülle lang herabfallender Locken geschmückten Gesichtes kann uns in solcher Empfindung nur bestärken. Der König selber und alle seine Höflinge, welche die Botschaft des jugendlichen Abgesandten mit ziemlicher Teilnahmlosigkeit entgegennehmen, scheinen nur Gliederpuppen im Vergleich zu einem lebendigen Wesen, und in der ganzen Libreria wird man vergebens nach einer zweiten Erscheinung suchen, die Raffael so unverkennbar mit seinem Schöpferodem beseelt hat.

Der Trieb, die Welt zu sehen, die Menschen kennen zu lernen, sich mit fremden Sitten und Gewohnheiten vertraut zu machen, ist diesem „apostolischen Wanderer" bis in sein spätes Alter treu geblieben. Als er noch jung war, hat er die Welt nach allen Richtungen hin durchstreift, bald dem einen Herrn, bald dem anderen gedient, mit unendlicher Leichtigkeit allen Verhältnissen sich anpassend und dabei immer die eigenen hohen Ziele vor Augen behaltend. Alle Huldigungen, die man seinem reichen Geiste bot, nahm er dankbar an, und willig beugte er Haupt und Knie vor dem Kaiser, als dieser ihm im Jahre 1442 in Frankfurt a/M. den Dichterlorbeer bot.

Diese Scene schildert das dritte Fresko (Abb. 105) in anmutig spielender Weise, aber doch, ohne daß es gelungen wäre, den Stoff zu einer wirklich geschlossenen Komposition zu verarbeiten. Der bequeme Marmorthron des Imperators in bewuß- geschlagen, um die Scenerie zu wechseln. In der freundlichen Würde, mit welcher der Kaiser den Lorbeer bietet, in der stolzen

Abb. 106. Ein Konsistorium Eugens IV. Siena. Libreria.

tem Gegensatz zu dem plumpen Holzgestell des halbbarbarischen Königs von Schott-land mit feinster Goldornamentik auf blauem Grunde verziert, ist diesmal seitwärts auf- Demut, mit welcher ihn der hier wieder ganz porträthaft aufgefaßte Piccolomini empfängt, in der sichtlichen Anteilnahme des ritterlichen Gefolges an der Handlung

glaubt man noch den Geist Raffaels zu
entdecken in den goldschimmernden, farben-
glänzenden Gewändern Pinturicchios. Vor
allem aber kann jener herrliche Hallenbau,
der sich so stolz im Hintergrunde erhebt,
nur aus Raffaels Hirn entsprungen sein,
der später in der Schule von Athen be-
wiesen hat, wie tief er in die Gesetze der
Architektonik eingedrungen war.

Ein Konsistorium Eugens IV. (Abb.
106) führt uns zum erstenmal in einen
geschlossenen Raum, dessen Dämmerung das
Licht, welches durch zwei hohe Arkadenbögen
eindringt, nur mühsam zerstreut. Vor den
Stufen des päpstlichen Thrones kniet Änea
Silvio, den Fuß Sr. Heiligkeit küssend
und für sich und seinen Kaiser, als dessen
Abgesandter er erschienen ist, um Frieden
bittend nach langem, verhängnisvollem
Kampf. Huldvoll neigt sich in der Skizze
Raffaels der Papst zu dem Knieenden herab,
im Fresko sitzt er regungslos da, aber
wenigstens hat er doch die Rechte segnend
erhoben. Mancherlei andere Abweichungen
beobachtet man zwischen Fresko und Zeichnung, die der Herzog von Devonshire zu
Chatsworth besitzt. Bei Raffael ist die
Halle geräumiger, und infolgedessen entwickelt sich die Handlung freier; die Zahl
der Figuren um den Papstthron herum
ist beschränkter, aber jede einzelne Gestalt
kommt mehr zur Geltung; die Teilnahme
der Kardinäle scheint weit größer, sind auch
ihre Bewegungen im Fresko der Zeichnung
fast sklavisch nachgebildet. Nur eine Ver-
besserung ist Pinturicchio gelungen, als
er sich an die Ausführung des Gemäldes
machte; er fügte jene beiden Kardinäle im
Vordergrunde hinzu, die, der linke im roten,
der rechte im blauen Mantel, sich so statt-
lich ansehmen und die Quadratura so
wirkungsvoll schließen. Als Raffael in der
Schule von Athen jenen berühmten Denker
in das Fresko einfügte, der auf dem Karton
in der Ambrosiana fehlt, gab er ähnlichen
Erwägungen Raum wie hier Pinturicchio.

Die meisten der hier dargestellten Kardinäle mögen Porträtgestalten sein, aber
wir erkennen heute nur noch einen unter
ihnen, den greisen Bessarion, den berühmten
Griechen, der unter Eugen IV. in das
Kardinalkollegium aufgenommen wurde und
alle Welt in Erstaunen setzte durch den
langen weißen Bart, der ihm allein nach

heimatlicher Sitte zu tragen gestattet wurde.
Wo fänden wir noch einmal wieder ein
gleich lebensvolles Bild eines päpstlichen
Konsistoriums im ganzen Cinquecento? Und
merkwürdig, in demselben Schnitt der Gewänder präsentieren sich der Papst und seine
Kardinäle noch heute, in derselben Anordnung der Personen, in derselben pomphaften
Würde sehen wir noch heute diese Ceremonie
sich entwickeln.

Zum erstenmal hat Pinturicchio in
diesem Fresko nach einer gewissen Farbenharmonie gestrebt. Ein grüner Teppich
bedeckt den Boden, ein grüner Baldachin
den Thron, und endlich ist der Papst selber
in ein grünes Pluviale gekleidet; so heben
sich die bunten Trachten der Kardinäle wie
die Blumen auf der Wiese von einem ruhig
grünen Grundton ab.

Das erste Fresko der Schmalwand den
Fenstern gegenüber bezeichnet in mehr als
einer Hinsicht den Höhepunkt des in der
Libreria Geleisteten, zu dem wir stufenweise
von einem Bilde zum anderen hinaufgeführt
wurden, von dem es jetzt langsam und allmählich abwärts geht. Im Jahre 1449
hatte Änea Silvio den Bischofsstuhl seiner
Vaterstadt bestiegen, im Februar 1452 trug
sich in Siena das große Ereignis zu,
dessen Andenken noch heute durch die Erinnerungssäule vor der Porta Camollia
im Volke lebendig erhalten wird.

Vor allem durch die kluge Vermittelung
des feinen und gewandten Piccolomini war
die Verbindung Kaiser Friedrichs III. mit
der schönen Eleonora von Portugal zustande gekommen. In Siena begegneten
sich die Verlobten zum erstenmal, und es
war Änea Silvio, der vor den Thoren
der Stadt dem Kaiser seine holde Braut
entgegenführte. In der Skizze Raffaels,
welche heute in Privatbesitz in Perugia
bewahrt wird, ist der Moment gewählt, in
welchem eben der Bischof dem Kaiser und
seine Verlobte zusammenführt, die sich, von
all ihren Reisigen umringt, auf freiem
Felde begegnen, wo noch jetzt die Erinnerungssäule auf hohem Piedestale prangt.
Elastischen Schrittes ist der Kaiser der zö-
gernden Prinzessin entgegengegangen und
richtet forschend seinen Blick auf das in
mädchenhafter Schüchternheit gesenkte Antlitz seiner schönen Braut. Der Bischof von
Siena fügt den Bund zusammen, mit aus-

Abb. 107. Die Begegnung Kaiser Friedrichs III. mit Eleonora von Portugal vor den Thoren Sienas. Siena, Libreria.

gebreiteten Armen die Verlobten umschlie-
ßend, das jugendliche mitgeschmückte Haupt
ein wenig zur Seite geneigt. Schöne Jung-
frauen und ehrwürdige Matronen folgen
der Braut, festlich gekleidete Höflinge begleiten den Kaiser, und rechts und links
in gemessener Entfernung hält der ritterliche

Troß der beiden auf kaum zu zügelnden
Pferden.

Als Pinturicchio an die Ausführung
(Abb. 107) dieser Skizze ging, gab er vor
allem dem Schauplatz der Handlung ein
individuelleres Gepräge und machte damit
zugleich dem Lokalpatriotismus der wackeren

Zieueien ein Zugeständnis, die alten Grund haben, auf ihre Vaterstadt stolz zu sein. Man sieht im Hintergrunde die Mauern von Siena mit der engen, heute längst zerstörten Porta Camollia, weiter zurück ragen die schlanken Befestigungstürme empor, unter ihnen der zinnengekrönte Turm des Palazzo Publico, und in der Ferne endlich schließt der Dom mit Kuppel, Campanile und unvollendetem Langhaus den merkwürdigen Hintergrund ab. Im Vordergrunde, dem eine Palme und zwei mit vorzeitigem Grün geschmückte Bäume eine noch fröhlichere Stimmung geben, erhebt sich die Erinnerungssäule, welche die plumpere Gestalt erhalten hat, in welcher wir sie heute noch sehen, und oben mit dem Allianzwappen der Verlobten geschmückt ist. Daß aber auch diesmal wieder die Freskomalerei des Meisters trotz der vollendeten Technik und einer fast berauschenden Farbenpracht hinter der Skizze des genialeren Gehilfen zurückgeblieben ist, lehrt uns sofort ein Vergleich der zwei Mittelgruppen, die sich etwa zu einander verhalten, wie das Sposalizio des Schülers Peruginos in Caen zu Raffaels Vermählung Marias in Mailand. Der Kaiser, welcher bei Raffael trotz der langen Locken einen durchaus individuellen Typus trägt und, des baldigen Besitzes froh, eilig und liebeglühend der Braut entgegengeht, ist bei Pinturicchio ein etwas steifer Märchenprinz geworden mit lichtbraunen Locken und spitzem Bart, im scharfen Blick seines Auges mehr Neugierde an den Tag legend als Empfindung, in seiner Haltung mehr ritterlich wie herzlich. Auch Eleonora, welche bei Raffael in der Bewegung des Augenblickes vor ihrem Herrn und Gebieter am liebsten gleich auf die Knice gesunken wäre, ist bei Pinturicchio völlig Herrin ihrer selbst, und obwohl sie den Blick in geziemender Schüchternheit zu Boden senkt, scheint sie doch zu wissen, daß der kaiserliche Verlobte durch die unwiderstehlichen Reize ihrer Erscheinung bald gefangen sein wird. Der jugendliche Bischof endlich in weißer kostbarer Mitra und blauem, edelsteinumsäumtem Pluviale hat seiner priesterlichen Würde ein gut Teil seines menschlichen Gefühles zum Opfer gebracht und trägt sein Haupt weit höher wie bei Raffael.

Dagegen verleiht die Teilnahme schöner Frauen, deren echt umbrische Anmut durch die vornehme Pracht ihrer Gewänder noch gehoben wird, dem Fresko Pinturicchios einen ganz besonderen Reiz. Trägt doch überdies das Gefolge der Prinzessin, das männliche sowohl wie das weibliche, zum großen Teil porträthafte Züge. Gleich hinter dem Bischof erscheint der Rhodosritter Alberto Arringhieri, der damals die Würde eines Rektors am Dom von Siena bekleidete und bald darauf Pinturicchio mit der Ausmalung der Taufkapelle im Dom betraute. Wer aber die Hofmeisterin Leonoras ist, die so feierlich gestimmt aus dem Fresko heraussieht, wer das reizende Hoffräulein sei, deren lange blonde Haare so kunstvoll in ein goldenes Netz geflochten sind, wissen wir nicht. Allerdings trübt sich die Anteilnahme des Chors an dem Hauptvorgang durch die Einführung von Porträtgestalten ganz von selbst, sie ist auch bei Raffael viel bewegter; aber was Pinturicchio an seelischer Vertiefung mangelt, versucht er nicht ohne Erfolg durch die Schönheit der Farben, durch die Einführung einer Vedute von Siena, die alle Welt entzücken mußte, durch die liebevollste Durcharbeitung jeglichen Details zu ersetzen Der Kaiser und seine Braut sind in der That die vollkommensten Idealbilder aller Märchenprinzen und -prinzessinnen, die es jemals gegeben hat, Erscheinungen von berückendem Zauber schon durch die edle Pracht ihrer goldschimmernden Gewänder, mehr aber noch durch die strahlende Anmut, mit welcher sich ganz unbewußt in ihren Persönlichkeiten die höchste Fülle irdischer Macht und Größe mit der vollendetsten Schönheit verbindet.

Nach dieser ruhmreichen Episode in Siena hat Änea Silvio noch mehr als vier Jahre auf den roten Hut warten müssen, den ihm endlich im Dezember 1456 Calixt III. aufs Haupt setzte, als Lohn für den in Kreuzzugsangelegenheiten gegen die Türken bewiesenen Eifer. Diesen Vorgang stellt das zweite Fresko (Abb. 108) über dem Eingang an der Schmalwand dar, und hier begegnet uns Pinturicchio zum erstenmal in eigenster Gestalt von dem guten Genius Raffaels im Stich gelassen. Daher in der Komposition das Zurückgreifen auf die Dichterkrönung in Frankfurt, daher die Überfüllung eines engen Raumes mit einer bunt gemischten, gleichgültigen Menschenmasse, daher die Pracht des ganz vergoldeten Altars, die leuchtenden Farben der mit Stuckornamenten verzierten Gewänder, der zu der Annahme gedrängt wird, daß die Kardinalskreierung des Änea Silvio den zweiten Abschnitt in der Entstehungs-

bestechende Schein, welcher die inneren Schwächen vergessen machen soll. Der Abstand dieses Gemäldes vom vorigen ist in der That so groß, daß man fast von selbst geschichte der Libreriafresken bezeichne, an die Pinturicchio im Frühjahr 1506 ohne Beihilfe Raffaels Hand angelegt haben muß. Kulturgeschichtlich als Schilderung einer

9*

Kardinalsernennung im Beginn des Cinquecento mag dies Wandbild immerhin einige
Aufmerksamkeit erregen, als Leistung eines
Mannes, der eben die Chorfresken in Santa
Maria del Popolo vollendet hatte, kann
es wenig befriedigen, wenn wir sehen, wie
er nicht nur die Hauptgruppe, sondern
auch noch die beiden Füllfiguren in der
Mitte in orientalischem Kostüm frei nach
älteren Mustern in der Dichterkrönung um-
geschaffen hat.

Die Erhebung Änea Silvios auf den
päpstlichen Stuhl, nachdem er erst 20 Monate im Kardinalskollegium gesessen hatte,
leitet glorreich den letzten Abschnitt dieses
reich bewegten Lebens ein, das sich nun
ganz im Dienst der Kirche und ihrer höchsten Interessen verzehren sollte. An den
Krönungszug Pius' II. schließen sich das
Konzil zu Mantua, die Kanonisation der
heiligen Caterina von Siena, der Kreuzzug gegen die Türken und das Ende des
Papstes in Ancona an, drei Schilderungen,
welche aufs trefflichste ausgewählt sind, um
die leitenden Ideen zu veranschaulichen,
welche die nur sechsjährige Regierungszeit
des Piccolominipapstes beherrschten. Obwohl die Bekämpfung der Türken und ihrer
falschen Lehre der erste und letzte Gedanke
Papst Pius' II. gewesen ist, hat er sich
doch sein ganzes Leben eine rührende An-
hänglichkeit an die Heimat bewahrt, wo
er eine Stadt gründete, die er nach sich
Pienza nannte, wo er eine Heilige kanoni-
sierte, deren Frömmigkeit, wie man damals
sang, alle Herrlichkeiten Sienas überstrahlte.

In feierlicher Prozession, welche das
Kardinalkollegium mit würdevollem Pomp
eröffnet, hält im Fresko Pinturicchios der
neugewählte Papst seinen Einzug in Sankt
Peter (Abb. 109). Die Krone, welche er
hier eigentlich erst empfangen soll, trägt er
schon auf dem Haupt, damit er sich in seiner
neuen Würde eindrucksvoller präsentiere,
über dem schneeweißen Chorhemd ruht das
dunkelblaue Pluviale, das der dem Geschlecht der Piccolomini Entsprossene in unverkennbarer Beziehung auf seine Wappen-
farbe auch in den folgenden Fresken trägt,
obwohl in Wirklichkeit ein blaues Pluviale
unter den päpstlichen Gewändern nicht vorkommt. Vor dem segnenden Papst, der
auf einmal ein Greis geworden ist, mit
deutlichen Spuren schwerer körperlicher

Leiden in den seinen, wiewohl etwas mürrischen Zügen, kniet, ihn in der Kirche des
Apostelfürsten als Nachfolger Petri zu begrüßen, der Prior der Basilika mit der
erhobenen „Ferula" in der Rechten, dem
Stab, welcher das Amt dessen bezeichnet,
der die Prozession zu ordnen hat und den
geistlichen und weltlichen Herren ihre Plätze
anweisen muß. Dieser kniende Prälat
und der melancholisch blickende Baldachin-
träger im blauen pelzbesetzten Mantel
ganz im Vordergrunde sind die ausdrucks-
vollsten Gestalten des figurenreichen Gemäldes, das uns das merkwürdige Schau-
spiel einer päpstlichen Krönungsprozession
im Cinquecento bietet, wie sie sich noch
heute mit derselben Pracht und Würde in
Sankt Peter entfaltet.

Als Ganzes wirkt diese dicht gedrängte
regungslose Menschenmasse, von deren Begeisterung für den neuen Papst wir keineswegs überzeugt werden, ziemlich unerfreulich, besonders da dem Einzug in Sankt
Peter einer der Hauptreize fehlen mußte,
der sonst wohl selbst noch schwächere Leistungen Pinturicchios mit einem poetischen
Schein verklärt.

In der That würde man an der folgenden Schilderung des Konziles zu Mantua
mit Achselzucken vorübergehen, versöhnte
nicht der Schauplatz der Handlung mit
der Langeweile der Dargestellten, die
uns doch endlich ergreifen muß, führt man
uns immer wieder einen thronenden Kaiser,
König und Papst vor, um den sich seine
Getreuen mit erzwungener Teilnahme scharen. Überdies wendet sich Pius II. hier
an eine ganze Versammlung, der er an
den Fingern vorzuzählen scheint, daß die
Ungläubigen die Christenheit mehr als
jemals bedrohen. Aber wie wenig ist es
dem Künstler in dieser äußerst mittelmäßigen
Komposition gelungen, den Zuhörer für den
Redner und den Beschauer für beide zu
interessieren! Es ist nur die geräumige
Bogenhalle in den edlen, schönen Verhältnissen, welche das Auge erfreut, dem sich
in weiter Ferne ein Blick auf den von
steilen Bergmassen geschützten Meereshafen
erschließt.

„Ein Sienese, auf dem Stuhl des heiligen
Petrus sitzend, sollte die Heiligkeit einer
Sienesin verkünden, und das thun wir
mit heiliger Freude," so drückte sich Pius II.

in der eigenhändig verfaßten Kanonisationsbulle der frommen Caterina Benincasa aus. Gleich nach seinem Regierungsantritt war am innigsten gedacht haben. Am Peters- und Paulstage des Jahres 1461 wurde in der Basilika des Apostelfürsten die feier-

Abb. 109. Die Papstwahl Pius' II. Siena. Libreria.

der Papst der immer wieder hinausgeschobenen Angelegenheit nahe getreten, die ihm Herzenssache war, deren glückliche Erledigung ihm seine Landsleute von allen Wohlthaten liche Ceremonie der Heiligsprechung vollzogen mit all der Farbenpracht und all dem Kerzenglanz, die noch heute bei ähnlichen Anlässen im ungeheuren Petersdom die Seele des Besuchers mit ahnungsvollen Schauern einer übersinnlichen Welt erfüllen. Die größte Tochter Sienas durch ihren größten Sohn geehrt, welch' ein dankbarer Stoff der Darstellung in einem Bilderkreise, welcher der Verherrlichung eines Sienesen in seiner Vaterstadt diente! (Abb. 110.)

Da die Gesetze der Perspektive dem umbrischen Meister zum größten Teil noch unbekannt geblieben waren, so bediente er sich des naiven Mittels, das Fresko in zwei Stockwerke zu teilen, um für eine große Menschenmasse Raum zu schaffen. Oben im Presbyterium, das die höchsten geistlichen Würdenträger füllen, ruht vor dem thronenden Papst die entseelte Hülle der neuen Heiligen, in schwarz und weiße Dominikanergewänder gehüllt, das Gebetbuch auf der Brust, den Lilienstengel in den gefalteten Händen. Unten im Laienraum haben sich die Ordensbrüderschaften aufgestellt in ihren ernsten schwarzen, grauen und weißen Kostümen, alle mit einer brennenden Kerze in der Hand, wie es die Vorschrift für die Prozession bei einer Heiligsprechung verlangt. Ganz im Vordergrunde stehen die Künstler selbst. Die Tradition hat den Jüngling links in auffallend buntscheckiger Tracht — dunkelrote Beinkleider, hellrotes Wams, tiefblauer Mantel — mit Recht oder Unrecht Raffael genannt; Pinturicchio steht neben ihm und hält wie sein Nachbar eine Kerze in der Hand; es folgen halb vom Rücken gesehen auf die Mitte zuschreitend, zwei andere Porträtgestalten unbekannten Namens, wahrscheinlich Künstler und Gehilfen Bernardinos. Vielleicht ist der eine der im Frühling 1506 verpflichtete Eusebio di San Giorgio und der andere Bembo Romano, ein Dekorationsmaler, dessen Namen man links im Hintergrunde an beiden Pfeilern in der Pilasterdekoration entdeckt, auf den sich auch die Initialen B. R. beziehen mögen, welche noch zweimal an Wand und Decke zwischen den Grotesken wiederkehren.

Es war in der That ein glücklicher Gedanke, durch die feierliche Einsegnung ihrer Leiche den Akt der Heiligsprechung Caterinas von Siena den Sinnen klarzumachen; die Komposition des ganzen Bildes ist übersichtlich und klar, und besonders die feierlich bewegten Ordensbrüder im Vordergrunde, die Künstler selbst in ihren statt-

lichen Kostümen sind lebensfähigere Wesen, wie sie Pinturicchio sonst wohl gelungen sind. Aber doch erst im Schlußgemälde versucht des Meisters schon erlahmende Phantasie noch einmal einen höheren Schwung zu nehmen. Der Jüngling, welcher als Änea Silvio im Fresko gegenüber so frisch und froh zur ersten Seefahrt auszog, ist nun nach mancher Fahrt „durch Wellentrug und heißen Wüstensand" als Kreuzesritter und als Papst zugleich im Lebenshafen angelangt. In Ancona auf dem Kreuzzug gegen die Türken ist Pius II. seinen Leiden erlegen.

Im Hintergrunde des Gemäldes (Abb. 111) breitet sich, von der Kreuzzugsflotte belebt, der weltberühmte Hafen der alten Seestadt vor unseren Blicken aus, den Pinturicchio selber gesehen haben muß, um ihn so naturgetreu schildern zu können. Hoch oben rechts auf steil ins Meer abfallendem Felskegel erblickt man den Dom von San Ciriaco und darunter am Abhange sich ausbreitend die Türme, Kuppeln und Zinnen der mauerumgürteten Stadt.

Im Vordergrunde, wo eine einzige Cypresse am Ufer des Hafens emporragt, erscheint der Papst in erhobenem Tragsessel, die Tiara auf dem Haupt, den tiefblauen Mantel über dem schneeweißen Chorhemd. Es ist nicht der müde, von schmerzhaften Leiden gequälte Greis, der sich am Schluß seiner Laufbahn um die Früchte der letzten übermenschlichen Anstrengungen betrogen sah; freundlich grüßend und segnend, wie er sich in seinen schönsten Tagen zeigte, schwebt der Völkerhirte über der Menge dahin. Links vor ihm kniet Cristoforo Moro, der Doge von Venedig, in faltenreichem gelben Brokatmantel, dem ein zierlicher Knappe die pelzbesetzte Dogenmütze trägt; rechts kniet niemand anders als Dschem in vornehmer Türkentracht, einen blauen Mantel über das gelbe Kleid geworfen, und hinter ihm erscheint jener finster blickende Türke, der im Appartamento Borgia in ganz derselben Haltung an der Disputation der heiligen Caterina teilnimmt. Es ist bekannt, daß der kreuzzugsunlustige Doge, nachdem er sich lange vergebens hatte erwarten lassen, erst nach dem Tode Pius' II. in Ancona aus Land stieg, es ist ebenso bekannt, daß Dschem erst 25 Jahre später unter Innocenz VIII. in die Hände der Päpste ausgeliefert wurde, aber Pinturicchio wollte sich des Dogen sowohl wie des Türken zur Verherrlichung

zweischneidige Waffe gegen den Großtürken in der Hand zu haben glaubte. Ist doch auch die Situation, in welcher der sterbende

Abb. 110. Die Heiligsprechung der Caterina von Siena. Siena. Libreria.

Pius' II. bedienten, weil von der Stellung Venedigs von jeher das Gelingen der Kreuzzüge abgehangen hatte, weil damals gerade das Papsttum im Besitze Dschems eine

Papst selber erscheint, eine durchaus ideale, der Apotheose eines römischen Imperators vergleichbar. Hatte Pinturicchio nicht von vornherein alle Leidenschaft, jede Sorge und Enttäuschung aus dem Leben seines Helden verbannt: wie hätte er ihn die Bitterkeit des Todes schmecken lassen dürfen! So klingt diese farben- und klangreiche Symphonie eines Papstlebens, wie es in der ganzen Kunstgeschichte keine zweite gibt, in volltönenden Accorden aus, das Märchen von Änea Silvio ist zu Ende. Wer aber könnte sich ohne Glück und Wehmut losreißen von dieser schönheitsvollen Welt, welche die dichterisch schaffende Phantasie eines reich begabten Künstlers vor uns erstehen ließ? Die Empfindungen, welche Prospero in Shakespeares Sturm in so beweglichen Worten zum Ausdruck brachte, als er freiwillig alle seine Zauberkünste fallen ließ, jene Gefühle süßer Bitterkeit, die uns immer beim Anblick vergänglicher Schönheit ergreifen, klingen in unserer Seele wieder:

Unsere Träume sind nun zu Ende; die, welche sie belebten,
Waren Geister und sind in Luft, in leichte Luft zerflossen.
Und wie der luft'ge Aufbau dieser Vision
So wird der große Erdkreis selbst vergehn.
Wir sind aus solchem Stoff geformt wie Träume,
Und unser kleines Leben umgibt ein Schlaf.

Die Krönung Pius' III. zum Papst (Abb. 112), ein ungeheures Ceremonienbild draußen über dem Eingang in die Libreria, entstand wahrscheinlich zuletzt von allen Fresken und wird auch noch in der letzten Teilzahlung der Erben des Andrea Piccolomini an Bernardino Betti ausdrücklich erwähnt. Leider ist dies Gemälde schlecht beleuchtet, in fast unerreichbarer Höhe angebracht und überdies weit weniger gut erhalten, wie der Freskencyklus drinnen. Die Anordnung in eine obere und untere Hälfte erinnert an die Heiligsprechung Caterinas von Siena, wo auch die strenge Scheidung des geistlichen und Laienpublikums dieselbe war: oben haben sich Kardinäle und Prälaten auf der Galerie versammelt, unten sehen wir die spannungsvoll wartende Menschenmenge. Eben setzt der älteste der Kardinaldiakonen, nachdem er die Mitra des Papstes in die Hände des Assistenten gelegt, dem Neuerwählten die Tiara aufs Haupt, dessen würdige Erscheinung ganz in goldschimmernde Gewänder gehüllt und in Hochrelief gearbeitet ist, um wenigstens von unten trotz der Entfernung einigermaßen gesehen zu werden. Die Anordnung der mitrengeschmückten Geistlichkeit rechts und links in der offenen Bogenhalle, deren Architektur an die Benediktionskanzel Pius' II. in Rom erinnert, ist steif genug, viel belebter ist die Volksmenge unten. Hier haben sich Männer und Frauen, Arme und Reiche, Alte und Junge in festlichem Gedränge zusammengefunden, den feierlichen Krönungsakt mitzugenießen; Trompeter zu Pferde und zu Fuß begleiten das Ereignis mit schmetternden Fanfaren, und schon sind die malerisch gekleideten Schweizer mit ihren langen Stäben bemüht, für die Krönungsprozession den Weg durch die Menge zu bahnen.

Der kleine rothaarige Hund, welcher sich ganz im Vordergrunde des Bildes vergnügt, gehörte nach den Berichten eines gleichzeitigen Chronisten dem Pandolfo Petrucci: als seinen Herrn bezeichnet die Tradition jenen vornehmen Mann, welcher mit der erhobenen Rechten links daneben in Begleitung eines orientalisch gekleideten Alten erscheint. Pandolfo Petrucci, der kraftvolle Tyrann Sienas, unter dem die Stadt sich zu nie geahnter Blüte emporschwang, ist der letzte vornehme Gönner gewesen, dessen sich Pinturicchios Kunst zu erfreuen gehabt hat. Wir wissen schon aus dem Brief des Gentile Baglioni, daß der Gewaltherrscher im Frühjahr 1508 ungeduldig auf die Rückkehr Pinturicchios nach Siena wartete, der damals gerade in Spello am Altarbild für San Andrea beschäftigt war. Aber der Künstler scheint es nicht eilig genommen zu haben mit seiner Rückkehr; allem Anschein nach ging er zuerst nach Rom, wo sich unter den Malern, die Julius II. damals in den Stanzen beschäftigte, auch Perugino befand. Seine Hoffnungen, wenn er wirklich solche hegte, an dem ungeheuren Wettstreit aller Künste teilnehmen zu dürfen, der damals den Vatikan belebte, erfüllten sich nicht; Raffael und Michelangelo behaupteten das Feld, da gab es für Leute, wie Pinturicchio, nichts mehr zu thun. So kehrte er nach Siena zurück, wo ihm seine Arbeiten in der Libreria für alle Zeit den Vorrang unter den Künstlern sicherten. Hier wurde ihm im Anfang des Jahres 1509 ein zweiter Sohn geboren, den niemand anders als Luca Signorelli aus der Taufe hob. Es ist sehr wahrscheinlich, daß gerade damals der große Meister von Cortona in Pandolfos Diensten stand, daß er damals gemeinsam mit Pinturicchio geschichten illustriert und Madonnenbilder gemalt hatte, dessen Ruhm vor allem auf seine historischen Wandbilder und seine

Abb. 111. Pius II. auf der Kreuzzugsfahrt in Ancona.

die heute nur noch in Trümmern erhaltenen Fresken im Palazzo Petrucci malte. Pinturicchio, der bis dahin nur Heiligen-

Landschaftsmalereien gegründet war, wurde nun auf einmal noch durch seinen mächtigen Gönner in die Welt der Antike eingeführt. Während der ernste Signorelli Liebesgeschichten und Bacchanale malte, versuchte sich sein Genosse an Schilderungen aus der Odyssee, von denen heute leider nur noch eine einzige erhalten ist.

Das Fresko (Abb. 113), welches nach mancherlei Irrfahrten in die englische Nationalgalerie gelangte, stellt die Überraschung Penelopes durch die Freier dar, wie sie das Totengewand des Laertes, das sie am Tage gewebt, des Nachts wieder auftrennt.[1] Die treue Gattin des viel verschlagenen Odysseus, nicht eine ernste, durch den Kummer gealterte Penelope, sondern eine frische umbrische Frauengestalt sitzt im stillen Frauengemach am Webstuhl. Ueber ihr an der Wand hängen des Gatten Köcher und Bogen, seit langen Jahren unbenutzt, wehmütige Erinnerungszeichen seiner männlichen Kraft und Gewandtheit, die keine frevelnde Hand berühren darf. Zu den Füßen der Herrin sitzt die dienende Magd, gesenkten Hauptes, scheinbar ganz in die Arbeit vertieft, welche ein mutwilliges Kätzlein stören will, das mit dem Garnknäuel spielt. Pinturicchio hat hier noch einmal ein so reizendes Frauenidyll geschaffen, wie es ihm vor vielen Jahren schon im Appartamento Borgia gelungen war, aber während dort der Besuch Marias die friedliche Stimmung nur erhöht, verursacht hier den Eintritt des Freier eine plötzliche Störung. Allen voran stürmt der freche Antinoos, der in des Künstlers Phantasie die Gestalt eines feinen Jünglings angenommen hat, mit zierlich geträuselten Locken, in der reichen kleidsamen Tracht, wie sie die vornehmen jungen Leute in der Renaissanceperiode trugen. Eilig dringt er vorwärts, um Penelope zu verhindern, den Betrug zu verbergen. „Da haben wir's ja," will die vorgestreckte, geöffnete Rechte sagen, während der Zeigefinger der Linken drohend erhoben ist. Hinter ihm haben seine Mitfreier Halt gemacht, weniger gesonnen, wie es scheint, den geheiligten Frieden des Frauengemaches

zu stören. Der erste ist ein liebenswürdiger Junge, viel zu kindlich, als daß man seine Freiersgedanken ernst nehmen könnte, nebenbei, wie die Falke auf der behandschuhten Rechten bezeugt, ein eifriger Jägersmann; der ältere Freier hinter ihm trägt einen fremdartigen Typus zur Schau und blickt mit einer Gebärde des Erstaunens auf Penelope; zwei andere Freier folgen.

Die schwer gekränkte Frau hat die Fassung keineswegs verloren. Ihre Füße ruhen noch auf dem Tretbrett des Webstuhles, die Thätigkeit ihrer Hände ist eben erst durch den Eintritt der Freier unterbrochen, der Blick ihrer Augen ist gesenkt. Auch die Dienerin blickt zu Boden, scheinbar in der Arbeit fortfahrend, in Wahrheit aber um ihr schlechtes Gewissen zu verbergen, denn sicherlich ist sie eine der „empfindungslosen Mägde", welche die Herrin an die Freier verraten haben. Wie viel Grazie und Anmut offenbart sich in jeder Bewegung Penelopes, wie ruhig ist ihre Würde und Selbstbeherrschung in dieser peinlichen Lage, wie rührend das resignierte Lächeln auf ihren Lippen und der gesenkte Blick des thränenumflorten Auges!

Durch eine weite Fensteröffnung sieht man im Hintergrunde auf ruhiger See das mächtige Segelschiff des Odysseus. Der Held ist selber an den Mastbaum gebunden, und auf dem Wasser tanzen die singenden Sirenen. Am Ufer aber hebt sich das Zauberschloß der Circe aus den Fluten empor, und hier erscheint die Göttin selber zwischen Löwen und Panthern und den in Schweine verwandelten Gefährten des Odysseus, der in beschelender Haltung vor ihr steht.

Wer den allmählichen Niedergang aller schaffenden Kräfte bei Pinturicchio in den letzten Fresken der Libreria verfolgt hat, den überrascht die frisch gestaltende Phantasie, welche der Meister in dem reizend naiven Penelopebilde noch einmal an den Tag legte. Ein ähnlicher Zauber ruht auch auf dem Visionsbilde von San Gimignano, das in diesen letzten Jahren entstanden sein muß, er verklärt wie die leuchtende Glut sterbenden Abendrotes das letzte bezeichnete Werk des Meisters im Palazzo Borromeo in Mailand, ein Meisterstück in seiner tiefen, gesättigten Färbung, in der miniaturartigen Feinheit der Malerei.

[1] Homer, Odyssee XIX., Vers 123—155. Ich verdanke meinem verehrten Freunde Professor E. Petersen in Rom den Hinweis auf die eigene Erzählung Penelopes, aus welcher die Darstellung geschöpft ist. Berenson bezeichnet in den Central Italian Painters noch ganz neuerdings das Bild fälschlich als Rückkehr des Odysseus.

Das Bildchen stellt die Kreuztragung Christi dar (Abb. 114), ist in einen kunstvollen Arabeskenrahmen eingefaßt und trägt ein

Eine selbständige Darstellung aus der Leidensgeschichte Christi muß bei Meister Bernardino überraschen, der seine Kunst

Abb. 112. Die Krönung Pius' III. Siena. Libreria.
(Nach einer Photographie von Gebrüder Alinari in Florenz.)

Cartellino mit der Aufschrift: Dieses Werk ist von der Hand des Pinturicchio aus Perugia 1513.

immer nur in den Dienst alles dessen gestellt hat, was es im Menschenleben Schönes, Erfreuliches und Glänzendes gibt. Nur ein einziges Mal hatte er in jüngeren Jahren ein wirklich ergreifendes Bild des leidenden Erlösers geschaffen, in der Be-krönung der Altartafel von Santa Maria ira Fossi.[1] Das dort verkörperte Christus-ideal gelangt auch im Mailänder Bilde zum Ausdruck, wo der Weltheiland in aufrechter Haltung durch das grüne Thal dahinschreitet, ohne die Last des schweren

Hohepriester des Alten Bundes trägt, deuten auf den Opfertod des Lammes. Erbarmungs-lose Schergen ziehen ihn und treiben, aber sie thun seiner geheiligten Würde vergebens Gewalt an; brutale Kriegsknechte drängen die jammernden Weiber zurück. Ein nicht mehr kunstvoll komponiertes, sondern der Natur selber abgelauschtes Landschafts-gemälde erhöht die ergreifende Stimmung

Abb. 113. Penelope von den Freiern überrascht. London. Nationalgalerie.
(Nach einer Photographie von Franz Hanfstängl in München.)

Kreuzes zu empfinden, das ihm auf der Schulter ruht. Der schmerzensreiche Blick des dornengekrönten Hauptes ist ein wenig zurückgewandt, als wolle er noch einmal die wehklagend folgende Mutter suchen, das blutrote Kleid mit den goldenen Orna-menten über Saum und Brust, wie sie der

dieses Bildchens, in dem die Kunst Meister Bernardinos eine stille, köstliche Nachblüte gezeigt hat.

Schon am 7. Mai des Jahres 1513 hatte Pinturicchio, von körperlichen Leiden heimgesucht, sein letztes Testament gemacht; am 11. Dezember desselben Jahres starb er in Siena und wurde im Oratorium des Stadtviertels Istrice beigesetzt. Zwei grundverschiedene Versionen, die wir über sein Ende besitzen, beruhen auf leeren Ge-

[1] Ein Kruzifix beim Marchese Visconti-Venosta in Mailand ist mir leider nicht bekannt geworden.

rüchten und verdienen keinen Glauben. Eine nimmer rastende Thätigkeit hatte die Kräfte des umbrischen Meisters frühzeitig aufgerieben, dazu kamen ein unruhiges rühmen, so vielen Päpsten gedient zu haben, wie Meister Bernardino. Mit dem ersten Roverepapst hat er seine glänzende Thätigkeit in Rom begonnen, mit dem letzten

Abb. 111. Die Kreuztragung Christi. Mailand. Palazzo Borromeo.

Temperament und vielleicht auch häusliche Sorgen.

Was war nicht alles begonnen und vollendet worden in der verhältnismäßig kurzen Frist dieses merkwürdig fruchtbaren Lebens! Nur noch Michelangelo kann sich hat er sie vollendet, und alle fünf Päpste von Sixtus IV. bis auf Julius II. hatten ihn mit monumentalen Aufgaben betraut. So war sein Ruhmesstern, von der reichen Kultur der Renaissance getragen, mächtig emporgestiegen, und der Name „Pintu

ricchio" würde weit volltönender durch die
Jahrhunderte zu uns hindurchgedrungen
sein, hätte Vasaris leichtfertige Erzählung
dieses Künstlerlebens das Urteil der Nachwelt nicht getrübt.

Überdies hat Bernardino Betti, selber
der letzte Sprößling einer langen folge-
richtigen Entwickelung, keine Schüler hinterlassen, die sich selbständiger Bedeutung
rühmen können. Er steht an der Schwelle
der Hochrenaissance, und die Triumphe
Raffaels, seines treuen Gefährten in Siena,
müssen noch wie Klänge aus einer neuen,

wunderbaren Welt an sein Ohr gedrungen
sein.

Als rein menschliche Persönlichkeit wird
uns der „seltsame und phantastische" Pinturicchio immer ein fremdes, vielleicht nicht
einmal sehr sympathisches Wesen bleiben,
als Künstler hat er uns überreichliche
Äußerungen seines Denkens und Könnens
hinterlassen, und wir preisen heute seine
Werke als die farbenprächtigsten, liebenswürdigsten, wenn auch nicht immer gedanken-
reichsten Schöpfungen, welche der Renaissancekunst überhaupt gelungen sind.

Inhalt.

Die Litteratur.

Vasari ed. Le Monnier V. p. 264.

Vermiglioni, Memorie di Bernardino Pinturicchio. Perugia 1837.

Crowe und Cavalcafelle, Geschichte der Italienischen Malerei. Deutsche Ausgabe. Leipzig 1871. p. 269.

Schmarsow, Rafsael und Pinturicchio in Siena. Stuttgart 1880.

— Bernardino Pinturicchio in Rom. Stuttg. 1882.

Lermolieff, Die Werke ital. Meister in deutschen Galerien. Leipzig 1880.

Archivio storico dell' arte II. p. 1830. (Dom. Gnoli).

Pastor, Geschichte der Päpste. Freiburg i B. 1855. p. 196 ff.

F. Ehrle e E. Stevenson, Gli affreschi del Pinturicchio nell' Appartamento Borgia del Palazzo Apostolico Vaticano.

B. Berenson, The Central Italian painters of the Renaissance. N. York and London 1897. p. 90. p. 160.

www.ingramcontent.com/pod-product-compliance
Lightning Source LLC
Chambersburg PA
CBHW030601270326
41927CB00007B/1007